JUSTIPRECIO

Aspectos prácticos sobre la determinación del justiprecio en el ámbito de la expropiación forzosa

JUSTIPRECIO

Aspectos prácticos sobre la determinación del justiprecio en el ámbito de la expropiación forzosa

2.ª EDICIÓN 2024

Obra realizada por el Departamento de Documentación de Iberley

Coordinador

Mariano Espinosa de Rueda Jover

COLEX 2024

© Editorial Colex, S.L.
Calle Costa Rica, número 5, 3.º B (local comercial)
A Coruña, 15004, A Coruña (Galicia)
info@colex.es
www.colex.es

I.S.B.N.: 978-84-1194-656-8
Depósito legal: C 1426-2024

SUMARIO

ANEXO I.
CASOS PRÁCTICOS

ANEXO II.
FORMULARIOS

1.
APROXIMACIÓN AL CONCEPTO DE JUSTIPRECIO

1.1. Concepto

Qué es el justiprecio y dónde se regula

El justiprecio o justo precio es un concepto jurídico indeterminado que aparece definido en el diccionario del español jurídico de la RAE como la «indemnización que el beneficiario de la expropiación tiene que pagar al expropiado», es decir, la cantidad que tiene que ser abonada al expropiado para resarcir la pérdida que ha sufrido su patrimonio.

CUESTIÓN

¿Qué se entiende por concepto jurídico indeterminado?

Se consideran conceptos jurídicos indeterminados aquellos elementos indeterminados contenidos en la normativa y que se refieren a conceptos abstractos.

Para poder entender el contexto en el que entra en juego la figura del justiprecio, es necesario partir del concepto de expropiación forzosa, que supone, tal y como recoge el diccionario del español jurídico de la RAE, la «privación de propiedad privada o de derechos o intereses legítimos por razones de utilidad pública o interés social, y previa correspondiente indemnización».

La Ley de 16 de diciembre de 1954, de Expropiación Forzosa se refiere a ella como cualquier forma de privación de la propiedad privada o de derechos o intereses patrimoniales legítimos, cualesquiera que fueran las personas o entidades a que pertenezcan, acordada imperativamente, ya implique venta, permuta, censo, arrendamiento, ocupación temporal o mera cesación de su ejercicio, siendo la causa la utilidad pública o el interés social.

En el Reglamento de la Ley de Expropiación Forzosa (Decreto de 26 de abril de 1957) se habla de «Toda la intervención administrativa que implique privación singular de la propiedad, derechos o intereses patrimoniales legítimos, a que se refiere el artículo primero de la Ley, es una expropiación forzosa a todos los efectos, y específicamente, a los de exigencia de habilitación legal, de sometimiento a procedimiento formal y de garantía jurisdiccional frente a la misma».

Podemos concluir que cuando se produce la **expropiación forzosa**, por la que la Administración priva al expropiado de una propiedad privada, o de derechos o intereses legítimos, siempre que dicha privación traiga su causa en una utilidad pública o interés social, deberá **compensar al expropiado perjudicado** por la pérdida que ha sufrido en sus bienes o derechos y, **para ello, deberá determinarse el justiprecio**, que consiste en una compensación económica o en especie. Nadie podrá ser privado de sus bienes y derechos sino por causa justificada de utilidad pública o interés social, mediante la correspondiente indemnización y de conformidad con lo dispuesto por las leyes.

El Tribunal Constitucional se ha pronunciado en el sentido de que, entre el valor del bien o derecho expropiado, y la cuantía de la indemnización debe existir un equilibrio, que se obtendrá a través de las distintas modalidades de valoración que establezca el legislador, dependiendo de la naturaleza de los bienes y derechos expropiados.

En esta línea, el artículo 33.3 de la Constitución española establece que «Nadie podrá ser privado de sus bienes y derechos sino por causa justificada de utilidad pública o interés social, mediante la correspondiente indemnización y de conformidad con lo dispuesto por las leyes».

El **Tribunal Constitucional en su sentencia n.º 166/1986, de 19 de diciembre, ECLI:ES:TC:1986:166**, recoge las **tres garantías de la propiedad privada frente al poder expropiatorio de los poderes públicos**:

> «1) un fin de utilidad pública o interés social, o causa expropiandi; 2) el derecho del expropiado a la correspondiente indemnización, y 3) la realización de la expropiación de conformidad con lo dispuesto en las Leyes». Dice también que «dicha indemnización debe corresponder con el valor económico del bien o derecho expropiado, siendo por ello preciso que entre éste y la cuantía de la indemnización exista un proporcional equilibrio para cuya obtención el legislador puede fijar distintas modalidades de valoración», añadiendo que «la garantía constitucional de la "correspondiente indemnización" concede el derecho a percibir la contraprestación económica que corresponda al valor real de los bienes y derechos expropiados, cualquiera que sea éste, pues lo que garantiza la Constitución es el razonable equilibrio entre el daño expropiatorio y su reparación».

Esta sentencia también se pronuncia sobre **la naturaleza del justiprecio**, analizando las diferentes posturas al respecto. Mientras que un sector considera al justiprecio como un requisito previo para la transferencia de la propiedad, otro considera que se trata del derecho a ser resarcido del expropiado una vez consumada la expropiación. En la práctica esto supone una diferencia importante, ya que incide directamente en el momento del pago, ya que en un caso el pago debe realizarse antes de la ocupación, y en el otro *a posteriori*. La citada sentencia del Tribunal Constitucional se pronuncia sobre este tema y dispone lo siguiente:

> «El art. 33.3 de la Constitución no exige el previo pago de la indemnización y esto, unido a la garantía de que la expropiación se realice "de conformidad con lo dispuesto por las Leyes", hace que dicho artículo consienta tanto las expropiaciones en que la Ley impone el previo pago de la indemnización como las que no lo exigen, no siendo, por tanto, inconstitucional la Ley que relega el pago de la indemnización a la última fase del procedimiento expropiatorio».

Por su parte, la **sentencia del Tribunal Supremo, rec. 5099/2000, de 1 de febrero de 2005, ECLI:ES:TS:2005:518** se refiere a la **fijación de un precio justo** a los bienes expropiados como **pilar básico y fundamental** sobre el que descansa la expropiación forzosa, cuya finalidad es «(...) dejar indemne la situación patrimonial del expropiado, mediante una equilibrada compensación en dinero que cubra satisfactoriamente el sacrificio económico realizado por aquel».

Así, el **justiprecio comprende no sólo la estimación del objeto expropiado sino todas las consecuencias dañosas que la expropiación ocasione,** siendo manifiesta, la necesidad de indemnizar todo perjuicio sufrido por los particulares en sus derechos, pues la indemnización expropiatoria debe alcanzar a los perjuicios ocasionados a la parte de finca no ocupada ni expropiada y la disminución de los beneficios de la explotación (**STS, rec. 354/1992, de 6 de abril, ECLI:ES:1994:17176**)

También la **sentencia del Tribunal Supremo, rec. 354/1992, de 6 de abril de 1994, ECLI:ES:TS:1994:17176** se pronuncia sobre el justiprecio en el sentido de definirlo como:

> «(...) el precio real del bien expropiado, que como tiene reiteradamente señalado el Tribunal Supremo -Sentencias de 8 de noviembre de 1977 y 20 de enero de 1978 entre muchas otras-, no es otro que el que supone proporcionar, a quienes se ven privados por causa de utilidad pública de un bien o derecho, la compensación económica adecuada, sin que tal compensación pueda representar ni un enriquecimiento injusto ni una mengua injustificada del patrimonio del expropiado».

CUESTIÓN

¿Qué es el enriquecimiento injusto?

El enriquecimiento injusto es un principio general del derecho que prohíbe el enriquecimiento a costa del empobrecimiento ajeno cuando no exista justa causa para ello.

1.2. Marco normativo

Marco normativo del justiprecio

La regulación más significativa del justiprecio se encuentra principalmente en:

- Constitución Española, de 27 de diciembre de 1978.
- Ley de 16 de diciembre de 1954, de Expropiación Forzosa (LEF).
- Decreto de 26 de abril de 1957 por el que se aprueba el Reglamento de la Ley de Expropiación Forzosa (REF).
- Real Decreto Legislativo 7/2015, de 30 de octubre, por el que se aprueba el texto refundido de la Ley de Suelo y Rehabilitación Urbana (TRLSRU).
- Real Decreto 1492/2011, de 24 de octubre, por el que se aprueba el Reglamento de valoraciones de la Ley de Suelo (RVS).

El Tribunal Constitucional, en **sentencia n.º 166/1986, de 19 de diciembre, ECLI:ES:TC:1986:166,** dispone que las expropiaciones establecidas en la ley no son inconstitucionales, siempre y cuando respeten las garantías fijadas en el artículo 33.3 de la CE, y lo hace en los siguientes términos:

> «(...) nuestra Constitución, la cual no establece reserva de la materia de expropiación a favor de la Administración y, por tanto, no puede abrigarse duda, desde el punto de vista formal, que las expropiaciones ope legis son, en cuanto Leyes singulares, constitucionalmente legítimas, si bien requieren, por ser expropiatorias, que respeten las garantías del art. 33.3 de la Constitución».

A TENER EN CUENTA. Existe normativa autonómica sobre la materia, si bien, en los puntos siguientes nos centraremos únicamente en la normativa estatal.

1.3. Elementos del justiprecio y expropiaciones parciales

¿Cuáles son los elementos del justiprecio?

A la hora de analizar cuáles son los elementos del justiprecio o las partidas indemnizatorias que lo componen, debemos referirnos al **artículo 36 de la LEF**, el cual establece lo siguiente:

> «1. Las tasaciones se efectuarán con arreglo al valor que tengan los bienes o derechos expropiables al tiempo de iniciarse el expediente de justiprecio, sin tenerse en cuenta las plusvalías que sean consecuencia directa del plano o proyecto de obras que dan lugar a la expropiación y las previsibles para el futuro.

> 2. Las mejoras realizadas con posterioridad a la incoación del expediente de expropiación no serán objeto de indemnización, a no ser que se demuestre que eran indispensables para la conservación de los bienes. Las anteriores son indemnizables, salvo cuando se hubieran realizado de mala fe».

A la vista de este artículo, podemos concluir que los elementos del justiprecio son:

- **El valor objetivo.** El justiprecio abarca el valor objetivo del bien, sin incluir el valor subjetivo que pudiera tener para el propietario. Se entiende el justo precio como valor de sustitución.
- **Reparación de las consecuencias dañosas.** La indemnización debe cubrir no solo el valor del bien, sino también aquellos perjuicios sufridos por el expropiado. La **sentencia del Tribunal Supremo, rec. 354/1992, de 6 de abril de 1994, ECLI:ES:TS:1994:17176** recoge que «El justiprecio comprende no sólo la estimación del objeto expropiado sino todas las consecuencias dañosas que la expropiación ocasione, siendo manifiesta —Sentencias de 28 de febrero de 1979 y 27 de diciembre de 1978— la necesidad de indemnizar todo perjuicio sufrido por los particulares en sus derechos». Es importante que las consecuencias dañosas tengan causa directa en la expropiación, y así se establece, por ejemplo, en la **sentencia del Tribunal Supremo n.º 2483/1997, de 10 de abril, ECLI:ES:TS:1997:2483**, donde se establece con relación a una indemnización solicitada por el expropiado por la ampliación de una carretera que dividía su terreno lo siguiente:

  > «Las consecuencias dañosas relacionadas con la expropiación que deben considerarse en la fijación del justiprecio son las causalmente ligadas de modo directo al acto de privación patrimonial en que la expropiación consiste, no aquellas que, como en el caso examinado sucede, son fundamentalmente imputables a causas ajenas a la expropiación, como es el incremento en la utilización de un bien de dominio público como una vía de comunicación de carácter nacional por razón del cambio de las circunstancias sociales. La expropiación no basta con que sea motivo u ocasión para la fijación o la determinación del perjuicio, sino que es menester que constituya su causa directa».

- **Exclusión de las plusvalías** que sean consecuencia del plano o proyecto de obra que da lugar a la expropiación y de las previsibles para el futuro. En este sentido, la **sentencia del Tribunal Supremo de 9 de julio 1987, ECLI:ES:TS:1987:4883** establece que «las tasaciones deben efectuarse sin tener en cuenta las plusvalías que sean consecuencia directa del proyecto de obras que den lugar a la expropiación y las previsibles para el futuro, lo cual no es sino la consecuencia lógica de que el propietario debe recibir el equivalente económico que le compense por la privación que se le impone». En el mismo sentido, también se excluyen las minusvalías, ya que no puede hacerse recaer sobre el expropiado la pérdida de valor o minusvaloración del suelo derivada del proyecto.

- **Las mejoras** realizadas en los bienes expropiados solo serán tenidas en cuenta cuando se hubieran llevado a cabo antes de la incoación del expediente de expropiación y hayan sido de buena fe. Las realizadas *a posteriori* únicamente se considerarán en la valoración cuando se demuestre que eran indispensables para la conservación de los bienes.
- **El momento de la valoración.** La LEF fija la iniciación del expediente de justiprecio como el momento en que se lleva a cabo la valoración de los bienes expropiados.
- **El premio de afección.** En el artículo 47 de la LEF se establece un porcentaje del 5 % sobre el importe final del justiprecio de los bienes o derechos expropiables, que debe incluirse como última partida en la valoración. Este incremento solo se aplica a las indemnizaciones complementarias en el caso de los arrendatarios que se vean privados del uso y disfrute de los bienes o derechos arrendados. El Tribunal Supremo se ha pronunciado en numerosas ocasiones sobre este concepto, pudiendo citar a modo de ejemplo la **STS, rec. 3516/1993, de 2 de marzo de 1993, ECLI:ES:TS:1993:1150,** la cual recoge que:

> «Aunque la jurisprudencia tiene declarado como regla general que el premio de afección se refiere solo al valor de la cosa expropiada y no a los otros conceptos, tales como la indemnización por perjuicios, sin embargo la indemnización que corresponde a un verdadero trauma psíquico, bien por corresponder a un cambio radical en el aspecto explotación del resto del bien no sujeto directamente a la expropiación por suponer una práctica inutilización de los elementos de esa explotación, si debe tener como objeto de aplicación el porcentaje legal de la afección, en aras de la antedicha finalidad de compensar ese daño espiritual, eminentemente afectivo, que supone de hecho, el cambio total de un "modus vivendi" especifico y característico, que resulta indirectamente producido por la expropiación. De aquí, que en el caso contemplado la aplicación del 5 % de afección ha de ser aplicado sobre la totalidad del justiprecio antes expresado».

CUESTIÓN

Cuando, por la naturaleza de la expropiación, se conserva el uso y disfrute de los bienes o derechos expropiados, ¿corresponde indemnización?

En estos casos corresponde al expropiado una indemnización, pero no se tiene derecho al premio de afección, tal y como se establece en el artículo 47 de la LEF.

En cuanto a las **indemnizaciones**, el Tribunal Supremo se ha pronunciado en numerosas ocasiones sobre la inclusión de las mismas en el justiprecio, y lo ha hecho en el sentido de avalar que se incluyan aquellas indemnizaciones que sean consecuencia de la expropiación (**STS, rec. 6070/2011, de 26 de julio de 2012, ECLI:ES:TS:2012:5641**):

> «(...) el justiprecio representa el valor del bien o derecho expropiado. De aquí se sigue que los perjuicios que se hayan podido causar como consecuencia de la ejecución del proyecto que legitima la expropiación

no constituyen, en puridad, objeto del justiprecio, sino que habrán de ser indemnizados —siempre que concurran las condiciones para ello— por el cauce de la responsabilidad patrimonial de la Administración. Dicho esto, la jurisprudencia de esta Sala viene entendiendo, básicamente por razones de economía procesal, que es posible reclamar la inclusión en el justiprecio de las indemnizaciones debidas por perjuicios que, aun siendo distintos de la privación del bien expropiado, sean consecuencia de la expropiación. Para expresarlo con mayor precisión, es criterio jurisprudencial que la indemnización de los perjuicios dimanantes de la expropiación puede ser reclamada, junto con el justiprecio, en el procedimiento expropiatorio y, en su caso, en el recurso contencioso-administrativo sobre ese justiprecio».

1.4. Especialidades del justiprecio en las expropiaciones parciales

¿Cuáles son las especialidades del justiprecio en las expropiaciones parciales?

Los artículos 23 y 46 de la LEF recogen que la expropiación puede implicar únicamente la necesidad de ocupar una parte de la finca, rústica o urbana. En estos casos, si el propietario perjudicado considera que la conservación de la finca no expropiada resulta antieconómica, podrá solicitar a la Administración que la expropiación comprenda toda la finca. Si la Administración rechazase esta posibilidad y no expropiase la totalidad, el justiprecio debe incluir indemnización por los perjuicios causados a consecuencia de la expropiación parcial de la finca.

Fuera de los supuestos contemplados en el art. 23 de la LEF, la indemnización, en los supuestos de expropiación parcial, puede venir motivada por diferentes circunstancias, tales como los perjuicios que la propia división de la finca genere, el demérito en el resto de la finca no expropiada o los perjuicios en la utilización o aprovechamiento del resto de la finca no expropiada. Pero esta indemnización no es automática, los daños y perjuicios han de ser acreditados (**STS, rec. 1584/2013, de 7 de julio de 2015, ECLI:ES:TS:2015:3096**).

En la misma línea, el Tribunal Supremo se ha reiterado, con relación a esta exigencia de acreditación de cara a poder obtener una indemnización por los perjuicios causados por la expropiación parcial, en el sentido de exigir que dichos perjuicios deben de estar suficientemente probados. Así, por ejemplo, la **STS n.º 495/2018, de 22 de marzo, ECLI:ES:TS:2018:1095** cita y confirma la sentencia que recogía que:

> «La indemnización por expropiación parcial trata de compensar el demérito que sufre la parte no expropiada en relación con el aprovechamiento que ostentaba la finca antes de la división; por este concepto no se

indemniza la privación del suelo, que no se expropia, sino los perjuicios en la utilización o productividad del resto de la finca no expropiada en relación con su aprovechamiento agrícola. Esta indemnización "puede venir motivada por diferentes circunstancias, tales como los perjuicios que la propia división de la finca genere, el demérito en el resto de la finca no expropiada o los perjuicios en la utilización o aprovechamiento del resto de la finca no expropiada. Pero esta indemnización no es automática, los daños y perjuicios han de ser acreditados" (...). (STS de 7 de julio de 2015, recurso 1584/2013). (...). En el mismo sentido, la STS de 23 de julio de 2015, recurso 3409/2014, donde se enfatiza lo dicho en los siguientes términos: "(...) la parte no tiene en cuenta que dichos conceptos indemnizatorios no se originan por el simple dato objetivo de la expropiación parcial sino por la acreditación de un efectivo perjuicio, bien sea en mérito, valoración de la finca, productividad o dificultades en el cultivo y aprovechamiento de la misma, sin lo cual no puede prosperar una pretensión en tal sentido"».

Por su parte, la jurisprudencia se ha pronunciado en numerosas ocasiones en el sentido de distinguir dos indemnizaciones, una cuando se cause una minusvaloración en la parte de finca que se conserva, y otra cuando resulte antieconómico conservar la finca no expropiada (**STS n.º 4929/1990, de 25 de junio, ECLI:ES:TS:1990:4929**):

«(...) procede indemnizar los deméritos o menoscabos que los particulares sufran en sus bienes y derechos a consecuencia de una acción expropiatoria, indemnización que debe alcanzar aquellos casos en que la acción expropiatoria, aun respetando el derecho de propiedad, produce una minusvaloración en parte de la finca no ocupada —sentencia de 27 de diciembre de 1978— indemnización cuya procedencia viene siendo reconocida por este Tribunal, al margen de la regulada por el artículo 46 de la Ley de Expropiación Forzosa, en el supuesto previsto en el apartado 23 del precitado cuerpo legal, distinguiendo la jurisprudencia la expropiación parcial que hace antieconómica la conservación del resto de la finca no expropiada, y la expropiación que disminuye el valor de la parte de finca no afectada por la expropiación, supuesto este último en el que no juega lo prescripto en los artículos 23 y 46 de la Ley de Expropiación Forzosa —sentencia de 1-2-1978—, ya que no puede confundirse la indemnización a que se refiere el artículo 46 de la Ley de Expropiación Forzosa, que tiene como fundamento el resultado antieconómico para el propietario de la conservación del resto de la finca no expropiada, con la que procede para compensar el demérito que sufre la parte de finca no expropiada, bien por su desvalorización, bien por la disminución de los beneficios que ésta rendía; indemnización que este Tribunal ha reconocido para compensar los perjuicios que suponen la elevación de la altura del suelo expropiado en relación con la rasante del resto del terreno —sentencia de 1-4-63—, y los que implica la pérdida de vistas de la finca no expropiada —sentencia de 3-10-54—, admitiendo la indemnización por la depreciación experimentada en las partes no expropiadas de una finca ocupada con motivo de la construcción de una autopista, entre otras, la sentencia de 28 de mayo de 1980, reiterando la doctrina mantenida en las sentencias de 18 de marzo,

> 8 y 14 de abril de 1975; procediendo tal indemnización, aunque no se haya solicitado previamente la expropiación total de los bienes afectados por las obras que legitimen la expropiación de las fincas que se ocupan, toda vez que, como dicho queda, no se está en el caso de una finca que resulte antieconómica, su explotación, debido a la segregación del terreno que se ocupa».

Conviene destacar que el Tribunal Supremo ha establecido una **diferencia entre la indemnización que debe hacerse por razón de la expropiación parcial de la finca,** en la que la valoración se realiza en proporción al valor exclusivamente de su superficie, **y la indemnización que resarce por la pérdida de construcciones**, que se valorarán íntegramente atendiendo a su valor de sustitución, y lo hace en los siguientes términos (**STS, rec. 9116/1991, de 12 de julio de 1996, ECLI:ES:TS:1996:4294**):

> «La indemnización por razón de expropiación parcial de la finca debe establecerse en proporción al valor exclusivamente de su superficie. La merma de rentabilidad padecida por la explotación está, en efecto, en relación directa con la reducción de la extensión de la finca. Por el contrario la pérdida de las construcciones situadas en el terreno expropiado resulta plenamente indemnizada mediante la fijación de su valor de sustitución, al que tiende la determinación del justiprecio y, en principio, ha de considerarse que no influye en el demérito del resto de la finca consiguiente a la expropiación parcial».

En el mismo sentido encontramos a la **STS, rec. 4867/1990, de 22 de marzo de 1993, ECLI:ES:TS:1993:1812**, en la cual se recoge que la indemnización procedente como consecuencia de la depreciación de la finca restante por su división en dos partes separadas por la autovía, «ha de fijarse multiplicando el mismo coeficiente señalado por el propio Jurado Provincial de Expropiaciones, de 12,5 %, por el valor del suelo exclusivamente de dicha finca resultante».

2.
LA DETERMINACIÓN DEL JUSTIPRECIO

2.1. Mutuo acuerdo

Determinación del justiprecio por mutuo acuerdo: el convenio expropiatorio

Según lo dispuesto por el **artículo 24 de la LEF**, la Administración y el particular podrán convenir, libremente y de **mutuo acuerdo**, la adquisición de los bienes o derechos objeto de expropiación, en cuyo caso, una vez acordados los términos de la adquisición amistosa se dará por finalizado el expediente de expropiación comenzado.

Por el contrario, si en el término de 15 días no se llegara al referido acuerdo, se seguirá el procedimiento dispuesto en los artículos siguientes —al **artículo 24**— de la LEF, sin perjuicio de que en algún momento posterior de su tramitación las partes lleguen a un acuerdo.

Es numerosa la jurisprudencia del Tribunal Supremo sobre el **convenio o mutuo acuerdo en la determinación del justiprecio**, en este sentido, podemos destacar las siguientes sentencias con las siguientes notas características de este convenio o mutuo acuerdo entre las partes:

|| Negocio jurídico de naturaleza administrativa

| STS n.º 2876/1989, de 9 de mayo, ECLI:ES:TS:1989:2876

«El tipo de actividad que se solicitaba de la Administración, así como el ámbito en que surgieron las cuestiones a resolver, inmediatamente relacionadas con la extensión y límites de un convenio de mutuo acuerdo para la valoración de bienes expropiados, evidencia la naturaleza administrativa y no civil de las cuestiones planteadas, dado el ineludible carácter administrativo de tal convenio en que aparece actuando una Administración Pública, en este caso la Gerencia de Urbanismo, para lograr la realización de un fin público, cual es el propio las obras a que se dirige la expropiación, y en uso de potestades tan típicamente administrativo, cuales son las expropiatorias».

No es necesaria la intervención decisoria del Jurado de Expropiación

STS n.º 4971/1987, de 13 de julio, ECLI:ES:TS:1987:4971

«El mutuo acuerdo para el justiprecio expropiatorio es un negocio jurídico que tiene por finalidad concretar la cuantía de la indemnización expropiatoria, haciendo innecesaria la intervención decisoria del Jurado, y concluyendo el expediente expropiatorio, dejando sin efecto las actuaciones verificadas para la determinación del justiprecio».

Inserción del convenio o mutuo acuerdo en el procedimiento de expropiación

STS, de 4 de noviembre de 1966, ECLI:ES:TS:1966:1021

«La naturaleza y eficacia vinculante del acuerdo suscrito en (...) entre los representantes de las Empresas beneficiaria y expropiada, sin intervención alguna de la Administración Pública, aun cuando se celebrara la reunión por iniciativa del Gobernador Civil de la provincia, convenio que no obstante su apariencia privada, por establecer una relación jurídica entre dos particulares, constituye esencialmente un contrato administrativo por su finalidad (la fijación del justiprecio con exclusión sustitutiva de un acuerdo administrativo) y por el carácter público inherente al beneficiario, sujeto activo de la expropiación en situación necesaria respecto de la Administración Pública, cuya posición de supremacía comparte, sin embargo, en ese momento concreto, sin olvidar —por otra parte— que, aun cuando tal calificación fuera disponible, no lo es, en cambio, la posibilidad de su análisis ante esta jurisdicción, como negocio jurídico inserto en un procedimiento expropiatorio y de cuya validez depende la intervención de un órgano administrativo (el Jurado de Expropiación)». En este sentido, véase también la STS n.º 484/1979, de 4 de julio, ECLI:ES:TS:1979:2950.

Devengo de intereses de demora

STS, rec. 7593/1990, de 1 de octubre de 1991, ECLI:ES:TS:1991:4994

«Tal precio convenido —art. 26 del Reglamento— ha de entenderse como partida alzada por todos los conceptos, sin que proceda pago del premio de afección, referido en el art. 47 de la Ley, precisamente porque el tanto de afección forma parte e integra uno de los contenidos justiprecio, objeto del negocio jurídico antecitado que recae sobre dicho concepto. En esa partida alzada, en principio y como bien expresa la mayor parte de la doctrina jurisprudencial también están incluidos los intereses de demora hasta el momento del convenio, salvo declaración expresa en contrario, porque a diferencia del premio de afección, el concepto de intereses de demora —art. 56 de la Ley— no integra el "quantum" del justiprecio, sino que constituye una indemnización fijada sobre el total justipreciado en base al rendimiento legal que produce el dinero durante lapso temporal que permanece en poder de la entidad obligada a entregarlo su destinatario. Por el contrario, **y en virtud del principio de libertad dispositiva que preside la formación de la voluntad común de todo negocio jurídico, pueden las partes convenir o no excluir el pago de los intereses de demora en la formación del justiprecio,** en el supuesto del art. 26 del Reglamento de Expropiación Forzosa».

A TENER EN CUENTA. Igualmente, el apartado primero del **artículo 27 del REF** dispone que, transcurridos quince días sin resolver sobre la adquisición por mutuo acuerdo, se iniciará el expediente ordinario a que se refieren los artículos siguientes del citado reglamento.

CUESTIONES

1. ¿A qué trámites se ajustará la adquisición de mutuo acuerdo?

Una vez se reconozca de manera formal la necesidad de ocupación, la adquisición por mutuo acuerdo con cargo a fondos públicos se adaptará las siguientes formalidades:

- Propuesta de la jefatura del servicio encargado de la expropiación (en la que se precise el acuerdo a que se ha llegado con el propietario, con remisión de los antecedentes y características que permitan apreciar el valor del bien objeto de la expropiación)
- Informe de los servicios técnicos correspondientes en relación con el valor del bien objeto de la expropiación.
- Fiscalización del gasto por la Intervención.
- Acuerdo del ministro o del órgano competente de la corporación local o entidad respectiva, en su caso (**artículo 25 del REF**).

2. ¿Cómo se entenderá el acuerdo de adquisición? ¿Y el pago del precio?

Según el **artículo 26 del REF**:

- El acuerdo de adquisición se estimará como partida alzada por todos conceptos.
- El pago del precio se estimará libre de toda clase de gastos e impuestos, según lo establecido en el **artículo 49 de la LEF**, sin que proceda el pago del premio de afección del artículo 47 de la antedicha ley, al respecto es interesante la **sentencia del Tribunal Supremo, rec. 2966/2013, de 21 de septiembre, ECLI:ES:TS:2015:3909**:

  «En segundo lugar también se denuncia la vulneración de los artículos 49 de la LEF y 33 de la CE, impidiéndole que esta parte quede indemne por la actividad expropiatoria. La parte pretende la aplicabilidad de la disposición contenida en el art. 49 de la LEF, en relación con la Ley del IRPF, sin que pueda entenderse que dicho precepto fue derogado tácitamente por la normativa posterior, que contempla una exención tributaria especial.

La transmisión del bien como consecuencia de la expropiación es unilateral y forzosa y consecuentemente el justiprecio no puede ser considerado como un tipo de renta, sino como un valor de sustitución del bien expropiado para dejar indemne al propietario por el incremento patrimonial que se produce por la diferencia ente el valor de adquisición del bien y el valor fijado por el jurado. Y alega en apoyo de su pretensión la sentencia del Tribunal Superior de Justicia de la Comunidad Valenciana de 29 de septiembre de 2006».

3. ¿Hasta cuándo podrá verificarse la determinación del precio de mutuo acuerdo?

La fijación del precio por mutuo acuerdo podrá verificarse en cualquier momento del expediente hasta que el jurado de expropiación decida sobre el justo precio. Ahora bien, producido el mutuo acuerdo, quedarán sin efecto las actuaciones que se hubieran verificado sobre la fijación del mismo (artículo 27.2 de la REF).

2.2. Procedimiento para la fijación del justo precio

¿Cómo es el procedimiento para la fijación del justiprecio?

El procedimiento para la fijación del justiprecio encuentra su regulación en los artículos 25 a 31 de la LEF.

|| Inicio del expediente

Una vez firme el acuerdo por el que se declara la necesidad de ocupación de bienes o adquisición de derechos expropiables, se procederá a fijar su justo precio.

En este sentido, se abrirá un expediente individual a cada uno de los propietarios de bienes expropiables. No obstante, el citado expediente será único en el supuesto de que el objeto de la expropiación pertenezca en comunidad a varias personas, o cuando varios bienes constituyan una unidad económica.

A TENER EN CUENTA. El expediente de justiprecio se estimará iniciado el día siguiente a aquel en que haya adquirido firmeza el acuerdo declaratorio de la necesidad de la ocupación, con independencia de la fecha en que la Administración expropiante extienda la correspondiente diligencia de apertura. En consecuencia, a continuación de la misma se determinará por la Administración la fecha legal de iniciación del expediente, a la que deberán referirse todas las tasaciones de los bienes o derechos expropiados, de conformidad con el apartado primero del **artículo 36 de la LEF (artículo 28 del REF)**.

CUESTIONES

1. ¿Qué deberá declararse antes de iniciar la expropiación forzosa? O mejor dicho, ¿cuáles son los requisitos previos a la expropiación forzosa?

Según el artículo 9 de la LEF, para proceder a la expropiación forzosa será imprescindible la previa declaración de utilidad pública o interés social del fin a que haya de afectarse el objeto expropiado.

A mayor abundamiento, la antedicha declaración de utilidad pública e interés social llevará consigo la autorización para expropiar los bienes o derechos necesarios para:

- La realización de las obras.
- El establecimiento de los servicios (artículo 10 del REF).

2. ¿Cómo se tramitará la fijación del justo precio?

La determinación del justo precio se tramitará como pieza separada, encabezada por la exacta descripción del bien concreto objeto de expropiación (artículo 26.1 de la LEF).

Además, comprenderá los siguientes aspectos:

- Un extracto de las actuaciones practicadas para la fijación por mutuo acuerdo del precio de adquisición y el resultado del mismo.
- Una descripción exacta del bien concreto objeto de expropiación de conformidad con el artículo 26 de la LEF (esta descripción deberá ser idéntica a la contenida en el acuerdo de necesidad de ocupación) (artículo 29 del REF).

Como ejemplo de lo anterior, en un caso en el que un ayuntamiento determina los bienes objeto de expropiación de una manera genérica, se considera suficiente la publicación en el BOP «para que la recurrente impugnase la decisión municipal y conociera suficientemente la ubicación del terreno, ya que en el anuncio oficial, junto con el nombre de la propietaria recurrente, se indican la superficie expropiada y destino del bien afectado por la expropiación, por lo que no resulta infringido el artículo 26.1 de la Ley de Expropiación Forzosa, pues la ausencia de exacta descripción del bien expropiado no alcanza la categoría de la nulidad de pleno derecho pretendida». **STS n.º 2755/1986, de 26 de mayo, ECLI:ES:TS:1986:2755**.

Por último, en el caso de valores mobiliarios se constituirán tantas piezas separadas como clases de títulos hubiesen de expropiarse considerando las características que puedan influir en su valoración (**artículo 28 de la LEF**).

3. ¿Cuándo se entenderá que existe unidad económica?

A efectos del **artículo 26 de la LEF**, se estimará que existe unidad económica en el caso de:

- Fincas rústicas o urbanas: cuando se hallen inscritas o fueren susceptibles de inscripción bajo un mismo número, de conformidad con lo establecido en la LH.
- Cosas muebles: cuando exista una universidad de hecho o de derecho (**artículo 27 de la LEF**).

|| Hoja de aprecio del expropiado y de la Administración

En cada uno de los expedientes, constituidos de la manera explicada con anterioridad, la Administración expropiante requerirá a los propietarios para que, en el plazo de **20 días** a contar desde el siguiente al de la notificación, **presenten hoja de aprecio** en la que se determine el valor del objeto a expropiar, donde podrán realizar las alegaciones que consideren oportunas.

A estos efectos, al efectuar la Administración el anterior requerimiento, deberá dar traslado a los propietarios de la fecha legal de iniciación del expediente de justiprecio, pudiendo aquellos, en el momento de presentarla, discutir la procedencia de adoptar la expresada fecha y, en su caso, razonando la fijación de otra (artículo 30 del REF).

Por otro lado, la Administración expropiante habrá de aceptar o rechazar la valoración de los propietarios en el plazo de 20 días. Así, en el caso de:

| **Aceptación de la valoración realizada por los propietarios:**

- Se estimará determinado definitivamente el justiprecio.
- La Administración procederá al pago del justiprecio (requisito previo a la ocupación o disposición).

| **Rechazo de la valoración efectuada por los propietarios:**

- La Administración extenderá hoja de aprecio fundada del valor del objeto de la expropiación, que será notificada al propietario, el cual, dentro de los diez días siguientes, podrá:
  - Aceptarla.
  - Rechazarla:
    » Derecho a realizar las alegaciones que considere oportunas, empleando los métodos valorativos que entienda más adecuados para justificar su propia valoración a efectos del **artículo 43 de la LEF**.
    » Derecho a aportar las pruebas que estime oportunas para justificar dichas alegaciones.

En adición, nuestro más alto tribunal en su **sentencia n.º 926/2020, de 6 de junio, ECLI:ES:TS:2020:2354** dispone que «las hojas de aprecio formuladas por las partes de la expropiación constituyen respectivamente los límites máximo y mínimo de la definitiva cuantificación del justo precio, vinculando estos límites no solo al Jurado de Expropiación sino también a los Tribunales que juzgan la legalidad y acierto de la valoración efectuada por aquel. Esta vinculación de las partes y del Tribunal al aprecio realizado en vía administrativa se justifica, desde el punto de vista jurídico-sustantivo, en el principio de respeto a los actos propios».

A TENER EN CUENTA. Si el propietario rechazara el precio fundado ofrecido por la Administración, se pasará el expediente de justiprecio al Jurado provincial de expropiación (**artículo 31 de la LEF**).

CUESTIONES

1. ¿Cómo tendrá que ser la valoración realizada por los propietarios en la hoja de aprecio?

La valoración efectuada por los propietarios tendrá que ser forzosamente motivada y podrá estar avalada por la firma de un perito cuyos honorarios habrán de adecuarse a las tarifas aprobadas por la Administración, siendo estos gastos de cuenta de los propietarios (artículo 29.2 de la LEF).

Dichos peritos tendrán que reunir los siguientes requisitos:

- Tener título profesional expedido por el Estado, de acuerdo con la especialidad de la materia sobre que hayan de dictaminar.

- Haber ejercido su profesión por espacio de un año con anterioridad a la fecha en que sean requeridos por el particular para la confección de la hoja de aprecio.

Por el contrario, si el nombramiento no cumpliera con las anteriores condiciones, la Administración admitirá la valoración como si estuviere firmada exclusivamente por el propietario (**artículo 31 del REF**).

2. ¿Cómo se clasificarán los bienes o derechos en las hojas de aprecio?

En las hojas de aprecio se clasificarán los bienes o derechos de naturaleza distinta por el mismo orden en que aparecen relacionados en los artículos 40 a 43 de la LEF (artículo 41.2 del REF).

2.3. Jurado provincial de expropiación

Naturaleza jurídica del jurado provincial de expropiación

Los jurados provinciales de expropiación se regulan por los artículos 32 a 38 de la LEF.

Una de las novedades más relevantes de Ley sobre Expropiación Forzosa de 1954 fue la constitución de los Jurados Provinciales de Expropiación, que tal y como indica su preámbulo «vienen a ser órganos en los que se componen las dos funciones, pericial y judicial, escindidas en el sistema actual, pero que reúnen, además, las ventajas que proporciona la permanencia y especialización en la función, la colegiación (que permite llevar a su seno los intereses contrapuestos) y la preparación, al mismo tiempo en los aspectos material y jurídico, de la cuestión a decidir».

Según la jurisprudencia de nuestro más alto tribunal los jurados provinciales de expropiación poseen las siguientes notas características:

Son órganos administrativos integrados en la Administración del Estado

STS n.° 2652/1979, de 5 de octubre, ECLI:ES:TS:1979:2652

«(...) cualquiera que sea la composición y atribuciones de los citados Jurados de Expropiación, no pueden ser encuadrados como órganos jurisdiccionales, al carecer de las facultades de juzgar y hacer ejecutar lo juzgado; son **órganos administrativos**, dadas sus funciones y recursos establecidos contra sus resoluciones, y están comprendidos en la Administración del Estado, y no en la local ni institucional, al carecer de las características de esta última».

Son órganos permanentes, especializados y colegiados

STS, rec. 7188/1991, de 2 de enero de 1996, ECLI:ES:TS:1996:2

«(...) y que, como **órganos permanentes, especializados y colegiados**, permiten llevar a su seno los intereses contrapuestos ejerciendo una función arbitral».

|| Sus acuerdos son revisables directamente en vía judicial

| STS n.º 904/1989, de 10 de febrero, ECLI:ES:TS:1989:904

«Un examen más detenido del porqué de estas conclusiones nos lleva a observar que además los Jurados aparecen en cierto modo desvinculados de la ordinaria organización jerárquica de la Administración, **de manera que a pesar de que su naturaleza es con toda evidencia administrativa, sin embargo los recursos de que conocen se salen del cauce jerárquico normal y frente a sus acuerdos tampoco** se sigue la línea de la jerarquía administrativa, sino que lo que procede es acudir directamente a su revisión jurisdiccional».

|| Su intervención es subsidiaria

| STS n.º 904/1989, de 15 de junio, ECLI:ES:TS:1987:4157

«La valoración se efectuó por el Jurado refiriéndola a 1979, en que se ocupó la finca, cuando debió ser a 1982, en que efectivamente se inició el expediente de justiprecio. Por otro lado, el valor del Jurado es inferior al ofrecido por la Administración en su hoja de aprecio, lo que infringe el artículo 34 de la LEF, dado que la **intervención del Jurado es subsidiaria y se mueve entre las valoraciones de las partes**».

Composición del jurado provincial de expropiación

El jurado provincial de expropiación:

- Constituido en cada capital de provincia.
- Formado por:
  - Un presidente (magistrado que designe el presidente de la audiencia correspondiente).
  - Cuatro vocales:
    - » Un abogado del Estado de la respectiva Delegación de Hacienda.
    - » Dos funcionarios técnicos designados por la Delegación de Hacienda de la provincia (serán nombrados según la naturaleza de los bienes a expropiar).
    - » Un representante de la Cámara Agraria Provincial, cuando la expropiación se refiera a propiedad rústica y en los demás casos, por un representante de la Cámara de la Propiedad Urbana; Cámara de Comercio, Industria y Navegación, colegio profesional u organización empresarial (según la índole de los bienes o derechos objeto de la expropiación).
    - » Un notario de libre designación por el decano del Colegio Notarial correspondiente.
    - » El interventor territorial de la provincia o persona que legalmente le sustituya.

- Para las **ciudades de Ceuta y Melilla**: se constituirán jurados de expropiación de composición análoga a la indicada con anterioridad, y presididos por el juez de primera instancia de cada una de dichas plazas.

Por ejemplo, un caso de expropiación forzosa motivada por la ampliación del abastecimiento de aguas de la ciudad de Ferrol, el jurado provincial de expropiación de A Coruña valora en 300 de las antiguas pesetas la tonelada de arcilla dejada de extraer del subsuelo de la finca objeto de expropiación, y ello, pese al informe emitido por uno de sus vocales, ingeniero de minas, que cifra el precio de la tonelada en 328 pesetas, así, «el Jurado entiende, como órgano colegiado de composición varia que debe quedar cifrado en 300 ptas/Tn. pues su decisión no puede resultar en ningún caso vinculada por el informe rendido por un Vocal, aun siendo técnico cualificado, sino por la apreciación que como órgano colegiado realiza, valorando todas las circunstancias». **STS, de 12 de marzo de 1992, ECLI:ES:TS:1992:2100.**

Por último, podemos destacar la existencia de legislación autonómica sobre creación de jurados de expropiación forzosa, en concreto, en la Comunidad de Madrid, regirá la Ley 9/1995, de 28 de marzo, de Medidas de Política Territorial, Suelo y Urbanismo y, en el País Vasco, la Ley 8/1987, de 20 de noviembre, sobre creación de los Jurados Territoriales de Expropiación Forzosa.

El jurado de expropiación, a la vista de las hojas de aprecio formuladas por los propietarios y por la Administración, decidirá ejecutoriamente sobre el justo precio que corresponda a los bienes o derechos objeto de la expropiación. **Artículo 34 de la LEF** (véase artículo 39 del REF).

Pero **¿las hojas de aprecio son vinculantes?** Sí, la vinculación de las hojas de aprecio viene referida a la cantidad global, que no podrá ser sobrepasada, pero también comprende los conceptos indemnizables cuando estos tengan sustantividad propia como bienes, derechos o intereses patrimoniales legítimos y estén diferenciados unos de otros, lo que significa que la vinculación alcanza tanto a los conceptos indemnizables como al *quantum*, de manera que no cabe conceder por cada uno de los conceptos indemnizables que tienen carácter autónomo menor cantidad que la fijada por la Administración en su hoja de aprecio (**STS n.º 926/2020, de 6 de julio, ECLI:ES:TS:2020:2354**).

CUESTIONES

1. ¿Qué quórum es necesario para la adopción de acuerdos por los jurados de expropiación?

Para que los jurados de expropiación puedan válidamente constituirse y adoptar acuerdos es necesaria:

- 1.ª convocatoria: la asistencia de todos sus miembros.
- 2.ª convocatoria: la asistencia del presidente y dos vocales [uno de los cuales será el indicado en el apartado a) o en el b) del artículo 32, y el otro el del apartado c) o el d) de dicho artículo de la LEF].

Si bien, los jurados decidirán por mayoría de votos sobre los asuntos objeto de su competencia.

Se recomienda la lectura íntegra del **artículo 33 de la LEF**.

2. ¿Cómo tendrá que ser la resolución del jurado de expropiación?

A tenor de lo establecido en el **artículo 35 de la LEF** la resolución del jurado de expropiación:

- Habrá de ser necesariamente motivada (razonándose los criterios de valoración seguidos en relación con lo dispuesto en la LEF).
- Se notificará a la Administración y al propietario.
- Ultimará la vía gubernativa.
- Contra dicha resolución procederá tan sólo el recurso contencioso-administrativo (en relación con la interposición potestativa del recurso de reposición véanse los artículos 114, 123 y 124 de la LPAC y las sentencias del Tribunal Supremo, **rec. 1127/2011, de 22 de enero de 2014, ECLI:ES:TS:2014:172, rec. 5174/2008, de 21 de julio de 2011, ECLI:ES:TS:2011:5306, rec. 2636/2013, de 29 de septiembre de 2015, ECLI:ES:TS:2015:4015,** y **rec. 360/2012, de 14 de noviembre de 2014, ECLI:ES:TS:2014:4669**).

A modo de ejemplo, de la motivación del acuerdo del Jurado de Expropiación Forzosa la **sentencia del Tribunal Supremo, rec. 3883/2012, de 20 de abril de 2015, ECLI:ES:TS:2015:1637**, que reza lo siguiente:

«El acuerdo impugnado del Jurado Provincial de Expropiación Forzosa cumple suficientemente las exigencias de motivación a que acabamos de referirnos, pues contiene la identificación de las fincas afectadas por la expropiación, su superficie, su clasificación urbanística y criterios aplicables en la valoración del suelo, los demás elementos afectados por la expropiación, que eran el cerramiento, el arbolado, las edificaciones de mantenimiento del campo de golf, el lucro cesante por interrupción del juego en determinados hoyos del campo de golf, la remodelación de la red de riego, la reposición de una tubería y la construcción de una calle del campo de golf, y los detalles del cálculo de la indemnización por cada uno de estos conceptos.

En particular, y por lo que se refiere al aspecto concreto de la valoración del arbolado y del lucro cesante, que son las cuestiones que el motivo segundo del recurso de casación estima carentes de motivación, hemos de indicar que el acuerdo del Jurado ofreció explicación bastante de los elementos y criterios contemplados en su valoración.

Así, respecto del arbolado, expresó el acuerdo valorativo del Jurado Provincial de Expropiación el número de ejemplares que eran objeto de valoración, su ubicación, su tamaño tanto en diámetro como altura y el valor de cada ejemplar, detallando que en la finca nº 1 valoró 31 ejemplares de árboles decorativos, de 20 centímetros de diámetro y 1 metro de altura, con un valor de 250 ? por ejemplar y un valor total de 8.000 ?, y en la finca 3 fueron valorados 5 ejemplares de árboles decorativos, de más de 20 centímetros de diámetro y 1 metro de altura, con un valor de 450 ? cada ejemplar y un valor total de 2.250».

Además, la fecha del acuerdo constituirá el término inicial para la caducidad de la valoración dispuestas en el artículo 58 de la norma de referencia.

3. ¿Las disposiciones de la LEF sobre composición del jurado de expropiación tienen carácter imperativo?

Sí, según lo dispuesto en la **sentencia del Tribunal Supremo, rec. 1960/1988, de 6 de noviembre de 1990, ECLI:ES:TS:1990:16219**:

«(...) las disposiciones contenidas en la Ley expropiatoria sobre composición del Jurado, son, según expresábamos en la calendada sentencia, de carácter imperativo, constituyendo su infracción causa de nulidad de pleno Derecho, no sólo por la discon-

formidad con precepto de tal carácter, sino también porque el cambio de cualquiera de los integrantes del Jurado influye en el acuerdo tomado, al hacerse intervenir en él a quien carece de facultades para ello, excluyendo a quien las tienes y debió ser designado».

4. ¿Qué preceptos del Reglamento de la LEF regulan el jurado de expropiación?

La regulación del jurado de expropiación se encuentra recogida en los artículos 32 a 38 del antedicho reglamento.

5. ¿Cabe recurso de reposición contra las resoluciones del jurado?

Sí, siempre cabrá recurso de reposición contra las resoluciones del jurado de expropiación.

2.4. Impugnación de los acuerdos del jurado provincial de expropiación

Estudio jurisprudencial sobre la impugnación de los acuerdos del jurado de expropiación

Nulidad de pleno derecho de los acuerdos del jurado de expropiación ilegalmente constituido

Sentencia del Tribunal Supremo, de 15 de noviembre de 1965, ECLI:ES:TS:1965:1309

a. Antecedentes de hecho

En fecha de 23 de abril de 1964, la Sala de lo Contencioso-administrativo de la Audiencia Territorial de Palma de Mallorca emite sentencia en virtud de la cual se declara la nulidad del acuerdo del jurado de expropiación, de 9 de noviembre de 1962, y se fija el justiprecio de una determinada finca en la cantidad de 25.566.321 de las antiguas pesetas.

Más tarde, la representación legal de los interesados y el letrado del Estado interponen sendos recursos de apelación contra la anterior resolución, solicitando los primeros la revocación de la sentencia apelada y que se declare el justiprecio de la finca en 27.098.726 pesetas, e interesando el Abogado del Estado la revocación de la sentencia y la confirmación del citado acuerdo del jurado provincial de expropiación.

b. Fundamentos de derecho

La parte recurrente alega, entre otros motivos de apelación, la nulidad de las actuaciones por la constitución del jurado provincial de expropiación sin sujetarse a los **artículos 32** y **100 de la LEF**.

A tenor de lo anterior, la Sala de lo Contencioso-administrativo del Tribunal Supremo expone en el fundamento de derecho segundo (considerando 2.º) de la sentencia de referencia:

> «(...) el artículo 32 de la Ley expresada ordena que el Jurado Provincial de expropiación estará integrado por un Presidente y cuatro vocales, o sea en total cinco miembros, y lo primero que se observa en el caso presente es que fue constituido por un Presidente y seis vocales, en total siete miembros, sin que se pueda afirmar que sólo tiene importancia que sean menos, pero no más, porque los Organismos públicos para su buen funcionamiento deben de tener los componentes precisos y legales, y en el caso de Jurado es de observar que según el artículo 33, número 2 de dicha Ley, sus decisiones se adoptan por mayoría de votos y, claro está, que **si el Jurado se constituye con más o menos miembros de los que ordena la Ley, la mayoría se formará también ilegalmente, y los acuerdos serán adoptados por algunas personas extrañas al Jurado**».

c. Fallo

En consecuencia, la Sala de lo Contencioso-administrativo del Tribunal Supremo declara la nulidad del acuerdo del jurado provincial de expropiación, de 9 de noviembre de 1963, así como de la resolución presunta del recurso de reposición presentando contra este y, por consiguiente, deja sin efecto la antedicha sentencia objeto de apelación, reponiendo las actuaciones al momento legal oportuno.

d. Doctrina de la Sala de lo Contencioso-administrativo del Tribunal Supremo

> «Es ilegal el Jurado Provincial de Expropiación integrado por un presidente y seis Vocales, sin que se pueda afirmar que no tenga trascendencia el que sean más miembros, porque los organismos públicos deben tener los componentes precisos y legales».

Irregularidad no invalidante del acuerdo del jurado de expropiación resolutorio de un recurso de reposición

Sentencia del Tribunal Supremo n.º 11606/1993, de 20 de octubre, ECLI:ES:TS:1993:11606

a. Antecedentes de hecho

En fecha de 13 de octubre de 1989, la Sala de lo Contencioso-administrativo del Tribunal Superior de Justicia de Asturias dicta sentencia mediante la cual se desestima el recurso contencioso-administrativo interpuesto por la representación legal del Ayuntamiento de Aller contra los acuerdos del jurado provincial de expropiación de Oviedo de 11 de febrero y 21 de abril de 1988, en los que se determina el justiprecio de una finca ubicada en un pueblo del referido ayuntamiento.

Ahora bien, la representación legal del ayuntamiento asturiano presenta recurso de apelación contra la anterior resolución solicitando la estimación del mismo, la revocación de la sentencia apelada y, en consecuencia, la estimación del recurso contencioso-administrativo anulando los referidos acuerdos del jurado provincial de expropiación.

b. Fundamentos de derecho

La parte recurrente aduce entre otros motivos de apelación la nulidad de las resoluciones del jurado de expropiación provincial por la irregular composición del mismo en la sesión resolutoria del recurso de reposición.

Si bien, la Sala de lo Contencioso-administrativo del Tribunal Supremo declara en el fundamento de derecho segundo de la sentencia que nos ocupa que:

> «Depende de la importancia que revista, del derecho a que afecte, de las derivaciones que motive, de la situación o posición de los interesados en el expediente y, en fin, de cuantas circunstancias concurran que deberán ser apreciadas en un verdadero significado y alcance para invalidar las consecuencias de los actos o para mantenerlas, de donde se sigue, que **la no concurrencia del técnico designado por la Corporación expropiante, en la sesión del Jurado resolutorio del recurso de reposición, no ha privado al acto de los requisitos indispensables para alcanzar su fin ni ha provocado indefensión de los interesados, por lo que tal defecto constitutivo del órgano tasador ha de ser considerado como una irregularidad no invalidante del acto, sino como un defecto formal que no debe alcanzar** la trascendencia pretendida pues no debe olvidarse, además, que una declaración de nulidad de pleno Derecho del acuerdo del Jurado resolutorio de la reposición ejercitada, de ser estimada, transcurridos casi cinco años y con procedimiento jurisdiccional en dos instancias, en las que el actor ha tenido ocasión de alegar y probar en lo que al fondo de la cuestión controvertida —justiprecio de los bienes— a su derecho ha considerado pertinente, no se compadecería con la tutela judicial efectiva que proclama él art. 24 de la Constitución, produciéndose una dilación indebida de la resolución respecto de dicha materia, cuando el Tribunal está en condiciones de abordar la cuestión nuclear que el proceso plantea, sin menoscabo de las garantías procedimentales y sin rayar en la indefensión proscrita».

c. Fallo

Sin embargo, la Sala de lo Contencioso-administrativo del Tribunal Supremo aprecia las alegaciones realizadas por el ayuntamiento recurrente en relación con la fijación del justiprecio y resuelve estimar su recurso de apelación contra la sentencia de la Sala de lo Contencioso-administrativo del TSJ de Asturias declarando el justiprecio a abonar a los propietarios de los bienes objeto de expropiación en la cantidad de 2.351.938 de las antiguas pesetas.

d. Doctrina de la Sala de lo Contencioso-administrativo del Tribunal Supremo

> «La no concurrencia del técnico designado por la Corporación expropiante no es causa de anulabilidad al no provocar indefensión, dado que el actor ha tenido ocasión de alegar y probar respecto del fondo, incluso en las dos instancias judiciales. Basta una motivación racional y escueta, en que se haga una mención genérica de los criterios utilizados. La pericial del juicio demuestra la carencia de expectativas urbanísticas».

Constitución del jurado de expropiación para la declaración del justiprecio de terrenos objeto de reversión

Sentencia del Tribunal Supremo n.º 189/1980, de 12 de marzo, ECLI:ES:TS:1980:3141

a. Antecedentes de hecho

En fecha de 13 de diciembre de 1978, la Sala de lo Contencioso-administrativo de la Audiencia Territorial de Pamplona dicta sentencia en virtud de la cual se estima parcialmente el recurso contencioso-administrativo presentado por la representación legal del recurrente contra el acuerdo del Jurado de Expropiación de Guipúzcoa, de 28 de octubre de 1976, desestimatorio de recurso de reposición interpuesto contra acuerdo del mismo jurado de 18 de junio 1976, se anulan los mismos por no haberse resuelto de acuerdo a Derecho, y se declara que el justiprecio de los terrenos objeto de reversión en la cantidad de 7.293.350 de las antiguas pesetas.

Posteriormente, la representación legal del recurrente y el letrado del Estado interponen sendos recursos de apelación contra la antedicha sentencia, centrándose este último en la fijación del justiprecio a abonar a los propietarios de la finca objeto de reversión.

b. Fundamentos de derecho

La parte recurrente aduce, entre otros motivos de apelación, la incorrecta constitución del jurado de expropiación forzosa.

Sin embargo, la Sala de lo Contencioso-administrativo del Tribunal Supremo especifica en su sentencia objeto de análisis en el presente punto que:

Antecedente de hecho primero (resultando 1.º):

> «Es la que hace relación a la defectuosa constitución del Jurado de Expropiación, no acomodada a las normas del artículo 32 de la Ley, ya que formaron parte del mismo como locales técnicos, un Ingeniero Agrónomo, no idóneo para valorar fincas urbanas incluida en el polígono 32 del Plan General de Ordenación de Beasain, con volumen de edificabilidad de 4 m^3/m^2 destinado a industria, y un Arquitecto no al servicio de la Hacienda según exige el artículo 32 para la valoración de fincas urbanas sino Arquitecto designado por la Comisión Provincial de Urbanismo cuya intervención está prevista exclusivamente en el artículo 103 del Reglamento de Expropiación Forzosa para supuestos de expropiaciones urbanísticas. **Es cierto que la Jurisprudencia del Tribunal Supremo ofrece ejemplos de sentencias que abordan y resuelven el tema de la defectuosa constitución del Jurado con la declaración de nulidad de actuaciones y consiguiente reposición para su debida formación. Pero se trataba ciertamente, de supuestos en los que la ausencia de técnico específicamente idóneo por razón de la naturaleza del bien expropiado, comportaba la imposibilidad de una estimación precisa y ajustada. En el caso contemplado no acontece lo mismo, pues la presencia de un Arquitecto, aunque no sea de los que están al servio de Hacienda, permite en principio, la aportación de los adecuados criterios técnicos para la valoración de fincas urbanas, sin**

que la presencia de un Ingeniero Agrónomo suponga en sí misma, que se hayan desvirtuado los criterios digo módulos estimativos pertinentes. Nada hace pensar que esa defectuosa constitución del Jurado sea, en el caso presente, generadora de una causa de anulabilidad, pues el apuntado defecto formal no impide al acto impugnado alcanzar su fin la fijación del justiprecio ni da lugar a la indefensión de los interesados».

Fundamento de derecho primero (considerando 1.º):

«(...) en virtud del recurso interpuesto por el reversionista, es el relativo a la **alegada defectuosa constitución del Jurado de Expropiación que fue rechazado con total acierto por la sentencia recurrida, en fundamentación que ha de compartirse plenamente; resta solo puntualizar sobre tal extremo que habida cuenta de que el acuerdo fue adoptado en segunda convocatoria y por unanimidad de los miembros asistentes, y al estar presentes entre estos un vocal del grupo a) y otro del d) del artículo 32 de la Ley de Expropiación, la adopción de acuerdos y la válida constitución del órgano de tasación se produjeron válidamente** conforme a lo prevenido en el artículo 33,1 del referido Cuerpo legal según lo establecido por sentencia de ésta Sala de 4 de mayo de 1.978 al aceptar la fundamentación de la sentencia apelada, en el sentido de que cualquiera que sea el número de miembros que integre el Jurado en segunda convocatoria, lo único que puede constituir un defecto de su composición a través de lo establecido en el artículo 32 de la Ley de Expropiación Forzosa, es que no se respete el número mínimo de aquellos, constituido por un Presidente y dos vocales, siempre que éstos últimos sean funcionarios o técnicos de los contemplados por los grupos señalados».

c. Fallo

Así, la Sala de lo Contencioso-administrativo del Tribunal Supremo desestima ambos recursos de apelación interpuestos contra la antedicha sentencia de la misma sala de la Audiencia Territorial de Pamplona, de 13 de diciembre de 1978.

Fijación del justiprecio correspondiente a los derechos de explotación de puestos y casetas de un mercado municipal de abastos por el jurado de expropiación

Sentencia del Tribunal Supremo, de 26 de mayo de 1987, ECLI:ES:TS:1987:3672

a. Antecedentes de hecho

En fecha de 20 de noviembre de 1985, la Sala de lo Contencioso-administrativo de la Audiencia Territorial de Valencia emite sentencia mediante la cual se estima el recurso presentado por el Ayuntamiento de Elda contra el Acuerdo del Jurado de Expropiación Forzosa de Alicante, de 11 de julio, así como el denegatorio de reposición contra el mismo, anulándolos y ordenando al citado jurado de expropiación que fije el justiprecio a abonar a los titulares de los derechos de explotación de los puestos o caseras del Mercado Central de Abastos.

Posteriormente, la representación legal de los interesados presenta recurso de apelación contra la anterior resolución solicitando la revocación de la misma.

b. Fundamentos de derecho

La parte recurrente alega como motivo principal de apelación el incumplimiento de lo establecido en la LEF por el ayuntamiento de referencia «al no existir en aquel acuerdo la relación de bienes a ocupar ni la de afectados, que tampoco fueron notificados, del proyecto de obras aprobado, produciéndoles indefensión».

Por el contrario, no lo entiende así la Sala de lo Contencioso-administrativo del Tribunal Supremo al disponer en su sentencia que:

Fundamento de derecho segundo:

> «Al recibir los expedientes el Jurado antes de emitir resolución fijando el justiprecio, acuerda solicitar del Ayuntamiento una serie de documentos en relación con la declaración de utilidad pública y la necesidad de ocupación de los bienes expropiados, relación de afectados por la expropiación con los que llegó a un acuerdo, módulos tenidos en cuenta para fijar las indemnizaciones y títulos de otorgamiento de las concesiones de los puestos y/o casetas del Mercado de Abastos de Elda, por cuanto el expediente está «incompleto» en tanto no se acredite la declaración de utilidad pública o interés social que determina la existencia de un procedimiento expropiatorio y, por tanto, el ámbito de competencia material de intervención de este Jurado. Resolución esta que es ratificada en la de 7 de noviembre del mismo año, al desestimar el recurso de reposición formulado contra él».

Fundamento de derecho tercero:

> «Lo expuesto en **el razonamiento anterior pone de manifiesto que el Jurado al dictar la resolución recurrida ha vulnerado lo dispuesto en el artículo 34 de la Ley de Expropiación Forzosa al exceder los límites de la competencia que tiene atribuida**, habida cuenta la doctrina de esta Sala, de la que es ejemplo la sentencia de 19 de mayo de 1969, al razonar que, aunque no pueda negarse en términos absolutos la facultad del Jurado para declarar su incompetencia en un determinado expediente, pues tal facultad le ha sido reconocida por la doctrina general que dimana de diversas sentencias del propio Tribunal Supremo que lo admiten cuando «la cuestión que se somete no exceda del marco de su competencia», no es menos cierto que con igual insistencia se ha precisado por la misma Jurisprudencia que la misión que al Jurado encomienda la Ley de Expropiación Forzosa en su artículo 34 es esencial y específicamente la de decidir sobre el justo precio que corresponde a los bienes o derechos objeto de la valoración, pero en ningún caso alcanza ni se extiende a la interpretación y definición del derecho».

c. Fallo

En suma, la Sala de lo Contencioso-administrativo del Tribunal Supremo desestima el recurso de apelación interpuesto por la representación legal de los interesados contra la referida sentencia de la Audiencia Territorial de Valencia, de 20 de noviembre de 1985.

d. Doctrina de la Sala de lo Contencioso-administrativo del Tribunal Supremo

> «El Jurado de Expropiación dictó acuerdo estimando que el expediente estaba incompleto, por lo que no procedió a fijar el justiprecio a abonar a los titulares de unas concesiones de explotación de puestos y casitas de un mercado municipal, a consecuencia del desahucio administrativo, determinado por el rescate de las concesiones. La Sala de Primera Instancia anuló el acuerdo del Jurado, por entender que debió proceder a la fijación del justiprecio, sin extenderse a consideraciones sobre validez del procedimiento expropiatorio, que escapan de su competencia. El Tribunal Supremo confirma la sentencia apelada».

Apreciación de la prueba más adecuada para la valoración del bien expropiado por parte del jurado de expropiación

Sentencia del Tribunal Supremo, rec. 2885/1993, de 5 de noviembre de 1996, ECLI:ES:TS:1996:6107

a. Antecedentes de hecho

En fecha de 29 de marzo de 1993, la Sala de lo Contencioso-administrativo del Tribunal Superior de Justicia de Andalucía emite sentencia en virtud de la cual se estima el recurso contencioso-administrativo presentado por la representación legal del interesado contra los Acuerdos del Jurado de Expropiación de Granada, de 2 de octubre y 18 de diciembre de 1990, respectivamente, que determinaron el justiprecio de varias fincas.

Posteriormente, el letrado del Estado interpone recurso de casación contra la antedicha sentencia alegando la infracción de varias normas del ordenamiento jurídico y de la jurisprudencia relacionada con la mismas.

b. Fundamentos de derecho

La representación legal del Estado alega como uno de los motivos de casación el incumplimiento de lo establecido en el artículo 34 de la LEF

Sin embargo, el TS entiende que no ha habido vulneración alguna del antedicho precepto, y así lo especifica en el quinto fundamento de derecho de la sentencia de referencia:

> «**No se ha producido infracción del artículo 34 de la citada Ley expropiatoria general ya que, aunque dicho precepto manifiesta que el Jurado decidirá ejecutoriamente sobre el justo precio a la vista de las hojas de aprecio formuladas por los propietarios y por la Administración, es evidente que la norma no impide al Jurado, ni por tanto a la Sala que conoce del recurso contencioso-administrativo contra sus acuerdos, resolver atendiendo a los medios de prueba que estime más idóneos para determinar el verdadero valor de los bienes y derechos expropiados.** Finalmente, no apreciamos que haya tenido lugar la vulneración de la doctrina jurisprudencial expresada en las sentencias de 16 de diciembre de 1.988, 10 y 12 de julio de 1.993, porque lo que estas sentencias exigen para que la valoración de una parcela pueda ser utilizada en la tasación de

> otra diferente es que exista la más perfecta y constatada identidad entre los elementos de hecho de una y otra finca (según los términos utilizados por la parte recurrente) y en el caso que nos ocupa, como hemos dejado indicado, la Sala de instancia declara probada la existencia de esa perfecta identidad con una justificación que no puede generar duda alguna acerca de tal extremo. En conclusión, en virtud de cuanto ha quedado expuesto debemos desestimar los dos primeros motivos del recurso de casación interpuesto por el señor Abogado del Estado».

c. Fallo

En base a lo anterior, la Sala de lo Contencioso-administrativo del Tribunal Supremo entiende que no ha lugar al recurso de casación presentado por la representación legal de la AGE contra la citada sentencia del TSJ de Andalucía de 29 de marzo de 1993.

Vinculación de las hojas de aprecio en la fijación del justiprecio por el jurado de expropiación

Sentencia del Tribunal Supremo, rec. 7534/1991, de 26 de marzo de 1996, ECLI:ES:TS:1996:1862

a. Antecedentes de hecho

En fecha de 15 de abril de 1991, la Sala de lo Contencioso-administrativo del Tribunal Superior de Justicia de Madrid dicta sentencia mediante la que se desestima recurso contencioso-administrativo presentado por los interesados, así como la representación legal de la Comunidad de Madrid contra acuerdo del jurado provincial de expropiación, de 1 de diciembre de 1988, y la resolución por silencio administrativo del recurso de reposición interpuesto en relación a la determinación del justiprecio de varias fincas.

Así, tanto el letrado de los servicios jurídicos de la Comunidad de Madrid como la representación legal de los interesados interponen recurso de apelación contra la anterior resolución.

b. Fundamentos de derecho

Las partes recurrentes basan su apelación básicamente en la incorrecta determinación del justiprecio asignado por el Jurado de Expropiación de Madrid a la finca de referencia.

De conformidad con lo anterior, nuestro más alto tribunal resuelve lo siguiente:

> «Por lo que se refiere al justiprecio de la edificación y otros vuelos, es preciso hacer constar, en primer lugar, el error de Derecho en que incurre el Jurado Provincial de Expropiación Forzosa de Madrid al valorar las edificaciones y demás vuelos de las fincas expropiadas en la cantidad de 2.021.177 pesetas cuando el valor fijado para esos mismos bienes por la Administración expropiante en su hoja de aprecio fue de 2.628.073 pesetas, infringiéndose de esta manera el art. 34 de la Ley de Expropiación

Forzosa y la jurisprudencia interpretativa del mismo, pues como recuerda la Sentencia de esta Sala y Sección de 6 de abril de 1994, **la referencia que sobre el justo precio contiene el citado precepto con relación a las hojas de aprecio del expropiado y de la Administración, supone única y exclusivamente que el Jurado está obligado a actuar dentro de los límites cuantitativos fijados en tales hojas de aprecio en la fijación del justiprecio, como es doctrina unánime y reiterada de este Tribunal** (Sentencias de 21 de febrero y 16 de mayo de 1979 y 26 de marzo de 1980, entre otras)». (Fundamento de derecho quinto).

c. Fallo

Pues bien, la Sala de lo Contencioso-administrativo del Tribunal Supremo resuelve estimar en parte los recursos de apelación presentados por la representación procesal de los interesados y por la de la Comunidad de Madrid, contra la antedicha sentencia del TSJ de la misma Ciudad, de fecha 15 de abril de 1991, dejándola sin efecto, anulando los acuerdos del jurado provincial de expropiación, y fija el justiprecio de las fincas de referencia en la cantidad de 10.563.205 de las antiguas pesetas incluido el 5 % del premio de afección.

Sentencia del Tribunal Supremo n.º 1181/2022, de 22 de septiembre, ECLI:ES:TS:2022:3471

a. Antecedentes de hecho

El expropiado funda su oposición en que la doctrina del Tribunal Supremo en relación con la falta de legitimación de la Administración expropiante para la impugnación del justiprecio cuando existe un beneficiario de la expropiación carece de interés directo al que se refiere el artículo 19.1 a) de la LJCA, porque el precio a satisfacer, cuando existe un beneficiario de la expropiación, ha de ser abandonado por este. En definitiva, determina que carece de legitimación porque el pago de la indemnización expropiatoria constituye una relación entre expropiado y beneficiario a la que es ajena la Administración expropiante.

Es decir, el objeto del recurso consiste en determinar si tiene legitimación activa la Administración expropiante para impugnar el justiprecio cuando existe beneficiario y, en cualquier caso, si puede impugnar dicho justiprecio, que se fija en ejecución de una sentencia en la que intervino como demandada la Administración expropiante, todo ello a la luz de la doctrina del Tribunal Supremo.

b. Fundamentos de derecho

En este caso nuestro Alto Tribunal entiende:

«**La intervención del beneficiario en el procedimiento expropiatorio no altera la titularidad de la potestad expropiatoria, ni las garantías constitucionales que se establecen a favor del expropiado** (justiprecio).

Es cierto que el ejercicio de esta potestad a favor del beneficiario, permite a la Administración expropiante trasladar a éste las obligaciones que su ejercicio comporta respecto del expropiado, y, entre ellas, las que se indican en el art. 5 del Reglamento de Expropiación Forzosa, pero estas obligaciones las asume el beneficiario en virtud de la relación que le liga a la Administración expropiante (que ejerce la potestad expropiatoria en su beneficio), y en sustitución de ésta, de manera que si aquél incumple sus obligaciones, a quien debe perjudicar es a la Administración expropiante, no al expropiado, cuyas garantías constitucionales no se alteran por la intervención del beneficiario (persona o entidad en beneficio de la cual se ejerce la potestad expropiatoria, pero que no es titular de ésta).

Incumplimiento, por tanto, que sólo va afectar a la posición jurídica de la Administración a la que sustituye, pero no, insistimos, al expropiado que está al margen de esa relación Administración expropiante-beneficiario.

Cuando la Administración decide la expropiación de bienes y derechos, acogiendo o aprobando la ejecución de una obra pública a través de terceros, y, asumiendo ese tercero la condición de beneficiario, se constituye una relación directa entre el ciudadano afectado y la Administración expropiante, porque desde ese primer momento -al tomar la decisión expropiatoria-, se está asumiendo el deber de abonar la correspondiente indemnización. De no ser así, el ejercicio de la potestad expropiatoria, por exigencia de la misma institución y por imperativos constitucionales, carecería de legitimidad. Ese deber es el que legitima que, en estos supuestos, deba entrar en juego esa posición subsidiaria de la Administración expropiante, que asumió aquel deber de garantizar la percepción de la correspondiente indemnización que el justiprecio representa, antes incluso de que se generara la obligación del beneficiario, porque dicho deber está en la base de ejercicio de la potestad expropiatoria desde su génesis, en la medida que el pago —garantía constitucional de toda expropiación— no sólo es una obligación, sino como decíamos en el Fundamento de Derecho Noveno de nuestra precitada Sentencia de 17 de diciembre de 2013, presupuesto de aquélla».

c. Fallo y doctrina

Por lo tanto a la vista de lo expuesto anteriormente el Tribunal Supremo establece la siguiente doctrina:

- La Administración expropiante, cuando existe beneficiario, no está legitimada para impugnar el acuerdo de justiprecio, que sólo afecta a la relación beneficiario y expropiado.
- Sin embargo, tiene legitimación para impugnar el justiprecio del Jurado acordado en ejecución de la sentencia —cuando se ha personado y actuado como parte codemandada la expropiante— (cualquiera que fuese la situación económica del beneficiario) en aplicación de las reglas procesales comunes (arts. 109 y 89.1 de la LJCA, entre otras).

A TENER EN CUENTA. Las resoluciones judiciales analizadas a lo largo del presente punto podrían contener referencias realizadas a legislación actualmente derogada.

Estudio jurisprudencial sobre la impugnación de los acuerdos del jurado de expropiación

Inactividad del jurado provincial de expropiación

Sentencia del Tribunal Supremo, rec. 7840/1992, de 20 de junio de 1997, ECLI:ES:TS:1997:4391

a. Antecedentes de hecho

En fecha de 1 de abril de 1992, la Sala de lo Contencioso-administrativo del Tribunal Superior de Justicia de Cataluña dicta sentencia por medio de la cual se desestima el recurso contencioso-administrativo interpuesto por la representación legal de las ahora recurrentes.

Mas tarde, la representación legal de las interesadas interpone recurso de apelación contra la sentencia de referencia.

b. Fundamentos de derecho

La representación legal de la recurrente solicita en esta segunda instancia «que se reconozca su derecho a la expropiación de la totalidad de la finca y de otra parte se le haga efectivo como justiprecio el en su día fijado en su hoja de aprecio, interesando sea la jurisdicción la que fije tal justiprecio en ausencia de resolución del Jurado Provincial de Expropiación».

De otra manera lo entiende la Sala de lo Contencioso-administrativo del Tribunal Supremo y así lo expone en el fundamento de derecho segundo de la sentencia que nos ocupa:

> «En lo que atañe a la pretensión de que sea la jurisdicción la que fije el justiprecio de la finca expropiada condenando a la Administración al pago del mismo en la cantidad señalada por el recurrente en su hoja de aprecio, hemos de señalar, en primer lugar, que el expediente de justiprecio si ha sido remitido al Jurado Provincial de Expropiación, según se deduce del contenido del folio 94 del expediente administrativo de fecha 16 de Diciembre de 1988, en el que consta la remisión al Jurado Provincial de un escrito de la hoy recurrente, para su incorporación al citado expediente. **Sentado lo anterior, conviene recordar aquí la doctrina sentada por el Tribunal Constitucional en auto 409/88 de 18 de Abril y Sentencia 136, de 25 de Septiembre de 1995, en el sentido de que si bien es ajustada a derecho la posibilidad de acudir a la jurisdicción frente a la inactividad del Jurado Provincial de Expropiación, en base al derecho a la tutela judicial proclamado por el artículo 24 de la Constitución, y en tal extremo debe ser corregida la doctrina de la sentencia apelada, no lo es menos que para poder ejercer dicha posibilidad es necesario agotar previamente la vía administrativa en el sentido de que para que pueda operar el instituto del silencio administrativo es necesario provocar una respuesta siquiera sea ficticia de la Administración que ha de resolver definitivamente en vía administrativa, y al no haberlo hecho así el recurrente su pretensión resulta inadmisible, máxime en un supuesto como el que nos**

ocupa en que la Administración que ha de fijar definitivamente el justiprecio en vía administrativa es distinta de la Administración expropiante que interviene en la fase previa de formulación de hojas de aprecio».

c. Fallo

Así pues, la Sala de lo Contencioso-administrativo del Tribunal Supremo desestima el recurso de apelación interpuesto por la representación legal de las recurrentes contra la referida sentencia de la misma sala del TSJ de Barcelona, de 1 abril de 1992.

Órgano municipal competente para impugnar un acuerdo de justiprecio del jurado de expropiación

Sentencia del Tribunal Supremo n.º 407/2023, de 8 de noviembre, ECLI:ES:TS:2023:4731

a. Antecedentes de hecho

El Ayuntamiento de Montesa interpone recurso de casación a través del que se pretende que el Tribunal Supremo entienda que la competencia para el ejercicio de acciones judiciales en materia expropiante le corresponde al alcalde, en particular cuando se pretende impugnar un acuerdo de justiprecio del jurado de expropiación dictado en expediente de expropiación por ministerio de la ley.

b. Fundamentos de derecho

Por tanto, la cuestión planteada es determinar cuál es el órgano municipal, el pleno o el alcalde, que tiene competencia en materia expropiatoria, pues ello determinará, a su vez, el que sea competente para decidir el ejercicio de acciones judiciales en esa materia.

La pregunta, por su parte, recibe una respuesta distinta por ambas partes, recurrente y recurrida. Las dos reconocen que la expropiación no aparece expresamente mencionada en el listado de las materias de los artículos 21 y 22 de la Ley reguladora de las Bases del Régimen Local, que atribuyen respectivamente al alcalde y al pleno, pero a partir de esta contestación, sus posturas difieren.

Así, el Alto Tribunal aplica a la sentencia recurrida en casación los siguientes razonamientos:

> «La sentencia recurrida, al haber entendido que el alcalde carecía de competencia para adoptar el acuerdo de ejercicio de la acción ejercitada por no haber justificado la urgencia, no se ajusta a los anteriores razonamientos por lo que debe ser casada, debiendo entenderse que el acuerdo aportado, emitido por el alcalde, acredita la voluntad de recurrir por parte del Ayuntamiento, tal y como demanda el art. 45.2.d) LJ, por haberse ajustado a las formalidades exigidas por la legislación de régimen local, sin que fuera necesario justificar la urgencia al ser de aplicación la cláusula residual de atribución de competencia al alcalde prevista en el artículo 21.1.s) LBRL.

Sin perjuicio de lo anterior, no está de más recordar que, en cualquier caso y aunque hubiéramos compartido el citado criterio de la sala territorial, la decisión de inadmisión que se adopta en la sentencia recurrida debería haber sido, asimismo y en todo caso, revocada por no haberse otorgado al Ayuntamiento un trámite específico de subsanación como exige la jurisprudencia de esta Sala (sentencias de 17 de septiembre de 2015, antes citada, o de 13 de junio de 2023, rec. 255/2022, entre otras) en aquellos supuestos en los que, invocada la causa de inadmisión al amparo del art. 45.2.d) en relación con el art. 69.b) LJ, la parte actora, lejos de aquietarse, la combate debidamente, que es lo que aquí ha sucedido, ya que, tras rechazarse por la sala en un primer momento esta causa de inadmisibilidad formulada por los codemandados como alegación previa y volverse a invocar por éstos en la contestación a la demanda, el Ayuntamiento recurrente la rebatió debidamente en su escrito de conclusiones, por lo que si la sala entendía que debía reconsiderar su anterior decisión desestimatoria de la alegación previa, debió haber ofrecido al Ayuntamiento recurrente, antes de dictar sentencia, un trámite específico para permitir la subsanación.

En conclusión, la sentencia recurrida debe ser casada en lo que atañe a la declaración de inadmisibilidad del recurso interpuesto por el Ayuntamiento por no concurrir la causa de inadmisibilidad apreciada, debiendo dictarse nueva sentencia que resuelva las restantes pretensiones ejercitadas por las partes en dicho recurso formulado por el Ayuntamiento de Montesa».

c. Fallo

El Tribunal Supremo fija como criterio interpretativo el siguiente:

«A la vista de las anteriores consideraciones, nuestra respuesta a la cuestión que nos plantea el auto de admisión debe ser que, en virtud de la cláusula residual de atribución de competencia del art. 21.1.s) LBRL, en relación con el art. 21.1.k) LBRL, el alcalde tiene atribuciones para adoptar el acuerdo de decidir el ejercicio de acciones judiciales en materia expropiatoria y, en particular, cuando se pretende impugnar un acuerdo de justiprecio del jurado de expropiación dictado en expediente de expropiación por ministerio de la ley, para dar cumplimiento al requisito contemplado en el art. 45.2.d) LJ».

Falta de motivación del acuerdo del jurado de expropiación

Sentencia del Tribunal Supremo, rec. 3244/2009, de 26 de junio de 2012, ECLI:ES:TS:2012:4678

a. Antecedentes de hecho

En fecha de 12 de diciembre de 2008, la Sala de lo Contencioso-administrativo del Tribunal Superior de Justicia de Andalucía dicta sentencia en virtud de la cual se estima parcialmente el recurso contencioso-administrativo interpuesto por la parte interesada contra acuerdo del Jurado Provincial de

Expropiación de Córdoba, de 23 de febrero de 2005, anulándolo en parte por no ser acorde a Derecho dado que «omite la indemnización por los perjuicios al coto de caza, que fijamos en 2.270'8 euros».

Posteriormente, la representación legal del interesado interpone recurso de casación contra la antedicha sentencia solicitando que se case la misma.

b. Fundamentos de derecho

La parte recurrente solicita el reconocimiento de su derecho a recibir diversas indemnizaciones articulando en su recurso hasta doce motivos de casación, en lo que nos interesa alega la infracción del artículo 24 de nuestra Carta Magna relacionado con el derecho a obtener una sentencia motivada.

No obstante, el alto tribunal realiza la siguiente argumentación jurídica:

Fundamento de derecho tercero:

> «**Es verdad que la utilización de formularios o modelos impresos puede vulnerar el derecho a la tutela judicial efectiva, tanto por insuficiencia de motivación como por incongruencia omisiva, si con ello se deja sin respuesta alguna pretensión oportunamente deducida (sentencias del Tribunal Constitucional 89/1995, FJ 6°, 77/2008, FJ 5°), y que, por consiguiente, debe desaconsejarse su empleo (sentencia del Tribunal Constitucional 8/2002, FJ 5°). Sin embargo, ese uso no implica necesariamente una vulneración del indicado derecho fundamental [sentencias del Tribunal Constitucional 184/1988, FJ 2.°.b), y 74/1990, FJ 3.°], pues peticiones idénticas pueden recibir respuestas iguales, sin que la reiteración de la motivación suponga su ausencia (auto del Tribunal Constitucional 73/1996, FJ 2.°). En consecuencia, esta práctica es admisible siempre que constituya una respuesta que satisfaga las exigencias constitucionales.** En el caso de autos, los dieciséis fundamentos de derecho de que consta la sentencia de instancia ponen de manifiesto que se han analizado las pretensiones de la recurrente de forma individualizada y detallada, dándose respuesta a todas ellas; siendo prueba palpable de ello el extenso recurso de casación interpuesto que intenta rebatir de manera paralela esa respuesta del Tribunal a quo. Y sin que a ello obste el hecho de que la Sala de instancia haya incurrido en algún error material al redactar tan amplia resolución, propiciado, como el mismo órgano jurisdiccional reconoce, por la utilización de una sentencia anterior como plantilla —posibilidad legítima por lo demás en aras de agilizar el proceso—, y que ha sido oportunamente rectificada mediante los mecanismos procesales al efecto legalmente previstos».

Fundamento de derecho cuarto:

> «En cualquier caso, hay que precisar que la sentencia recurrida reconoce en el fundamento de derecho tercero que el acuerdo del Jurado adolece de falta de justificación en cuanto a los valores que señala, singularmente por lo que al suelo se refiere, defecto este que le priva de la presunción de acierto de la que normalmente goza. Ahora bien, como a continuación señala la Sala de instancia, **ese defecto de motivación del acuerdo del Jurado no dispensa al expropiado de la carga de acreditar el mayor valor que**

reclama y, en este sentido, la sentencia examina, uno a uno, los bienes y derechos expropiados a fin de verificar si el contraste con el material probatorio obrante en las actuaciones aporta al órgano jurisdiccional elementos de convicción que le permitan fijar un justiprecio distinto del señalado por el Jurado, excluyendo la posibilidad de causar indefensión. Ello nos sitúa en el doble plano de la valoración de la prueba y, en su caso, de la motivación de la sentencia en relación con la prueba, a cuyo efecto habrá de indagarse si el recurrente ha aducido motivo de casación eficaz».

Fundamento de derecho séptimo:

«(...) la denuncia que se formula carece de fundamento pues, sosteniéndose que el Jurado no se pronuncia al respecto ya que se limita a consignar una cantidad sin base ni justificación alguna que luego la Sala de instancia confirma, dicho alegato resulta contradictorio con lo denunciado pues, como el propio recurrente reconoce, la sentencia se pronuncia expresamente sobre esta pretensión indemnizatoria, y a ello dedica precisamente el fundamento de derecho séptimo, por lo que en ningún caso cabe hablar de incongruencia. Cuestión distinta es que el recurrente no esté de acuerdo con el razonamiento dado por la Sala de instancia para acoger la tasación del Jurado y rechazar la propuesta por el perito judicial, pero ello nos conduce de nuevo a un problema de valoración de la prueba sobre el que ya nos hemos pronunciado anteriormente.

Lo mismo ocurre en cuanto a las partidas correspondientes al perjuicio por minoración de la finca y su incidencia en la infrautilización de la maquinaria y aperos, al perjuicio por superficie desarbolada y al perjuicio por afección del coto de caza, que expresamente se contemplan en los fundamentos de derecho octavo, décimo y décimotercero de la sentencia, por lo que **no cabe imputar incongruencia o defecto de motivación**. Insistimos, otra cosa es que no se esté de acuerdo con los razonamientos allí expresados para rechazar las pretensiones del recurrente, pero ello nos sitúa, una vez más, fuera del ámbito de los eventuales errores in procedendo para situarnos en el de los presuntos errores in iudicando y, más concretamente, en aquellos que tienen por objeto la valoración de la prueba, que sin embargo el recurrente no ha sabido combatir eficazmente. Finalmente, baste recordar que con reiteración venimos expresando, por razones estrictas de seguridad jurídica, la necesidad de que los motivos casacionales se aduzcan de manera singularizada, no siendo viable que en un mismo motivo se entremezclen cuestiones de índole procesal y sustantivo (Sentencias de 28 de febrero de 2006 —recurso de casación 5557/2003— y 19 de junio de 2009 —recurso de casación 11469/2004—)».

Fundamento de derecho undécimo:

«La Sala de instancia ha llevado a cabo, según es preceptivo, una valoración de conjunto de todas las pruebas practicadas a fin de formar su convicción sobre los hechos. Que haya dado mayor peso a unas pruebas que a otras no significa, así, que niegue valor probatorio a las que otorga menor fuerza persuasiva. Significa simplemente que, en el proceso psicológico de fijación de los hechos, han tenido menor influencia; algo que es perfectamente legítimo siempre que el órgano judicial exponga las razones.

Y así, dado que no se reprocha falta de motivación a la sentencia impugnada, dicha denuncia debe ser rechazada. Por lo demás, **lo que la sentencia impugnada afirma a este respecto no es que tales informes carezcan de valor probatorio, sino que no reúnen credibilidad suficiente para destruir la presunción de legalidad y acierto del acuerdo del Jurado**».

c. Fallo

Pues bien, la Sala de lo Contencioso-administrativo del Tribunal Supremo entiende que no ha lugar al recurso de casación presentado por la representación legal de la parte interesada contra la sentencia de la misma sala del TSJ de Andalucía, de 12 de diciembre de 2008.

Nulidad del acuerdo del Jurado de Expropiación de Galicia por no determinar el justiprecio de la finca objeto de expropiación conforme a ley

Sentencia del Tribunal Supremo n.º 1154/2021, de 22 de septiembre, ECLI:ES:TS:2021:3533

a. Antecedentes de hecho

En fecha de 25 de septiembre de 2019, la Sala de lo Contencioso-administrativo del Tribunal Superior de Justicia de Galicia dicta sentencia mediante la cual se desestima el recurso contencioso-administrativo interpuesto contra el acuerdo del Jurado de Expropiación Forzosa de Galicia sobre la fijación del justiprecio de una finca determinada.

Posteriormente, la representación legal de la interesada interpone recurso de casación contra la antedicha sentencia solicitando la revocación de la misma.

b. Fundamentos de derecho

La parte recurrente aduce como motivos de casación la infracción de diversas normas, en concreto, de «los artículos 24 y 120 CE y 33 y 67.1 LJCA, por haber incurrido la sentencia recurrida en falta de motivación e incongruencia omisiva al no haber dado respuesta expresa a las cuestiones planteadas en la demanda relativas a la infracción del artículo 24 del Real Decreto 1492/2011, de 24 de octubre, por el que se aprueba el Reglamento de valoraciones de la Ley de Suelo (RVLS), así como a la improcedencia (a juicio de la parte actora) de descontar del justiprecio las indemnizaciones correspondientes a la extinción de arrendamientos; el artículo 24 del RVLS; y los artículos 8.1 y 52.1 del Decreto de 26 de abril de 1957 por el que se aprueba el Reglamento de la Ley de Expropiación Forzosa (RLEF), en relación con el artículo 6.2.b) del RVLS».

De igual manera lo entiende la juzgadora de casación al realizar los siguientes razonamientos jurídicos:

Fundamento de derecho segundo:

«(...) la regulación a nivel legal de la expropiación contempla la posibilidad de que en el supuesto de expropiación de una finca sobre la que exista un contrato de arrendamiento, el arrendatario tiene derecho a una indemnización por la extinción del mencionado contrato de arrendamiento que no comporta que deba reducir el justiprecio que corresponda al propietario y arrendador; de otra parte, que la mencionada regla general no establece especialidad alguna. Por el contrario, el mencionado artículo 6,2.°.b) del RVLS si establece una discriminación respecto de arrendamientos sujetos a una normativa específica que no solo imponga una renta inferior a la normal de mercado sino con unos plazos determinados, en cuyos supuestos, la indemnización que corresponda a dicho arrendatario deber reducir el justiprecio de la propiedad, siendo dicha indemnización de cuenta del propietario- arrendador. Y así suscitado el debate debe tenerse en cuenta que, si bien la finalidad del reglamento es la de servir de desarrollo a las previsiones generales establecidas en la norma de rango legal, es lo cierto que cuando la norma reglamentaria establece una disposición que no aparece ni expresa ni implícitamente establecida por la norma legal, se produce una extralimitación de su contenido, incurriendo en vicio de ultra vires. Y no otra cosa ocurre en el caso de autos en que el RVLS, al establecer en el artículo 6.2.°.b) ese régimen discriminatorio de los arrendamientos a que se ha hecho referencia, no solo está apartándose de la regla impuesta en el TRLS, que no contempla dicha discriminación, sino que incluso está contraviniendo lo establecido en dicha norma legal, cuya regla general es la de que los arrendamientos comportan que las indemnizaciones que deben abonarse a los arrendatarios debe ser dé cuenta de la Administración expropiante, o de los beneficiarios de la expropiación; sino que ninguna disposición del TRLS faculta al desarrollo reglamentario a establecer supuestos en los que se excepcionara dicha regla general».

Fundamento de derecho tercero:

«Respuesta a la cuestión que suscita interés casacional objetivo para la formación de la jurisprudencia. De los razonamientos que se contienen en el anterior fundamento hemos de concluir, en relación a la cuestión que suscita interés casacional objetivo para la formación de la jurisprudencia, **que no es admisible, en ningún caso, que con ocasión de la expropiación de una finca que se encuentre arrendada por el propietario, la indemnización por la extinción del arrendamiento en favor del arrendatario como consecuencia de la expropiación, pueda reducir el justiprecio fijado a la propiedad, debiendo abonar dicha indemnización al arrendatario la Administración expropiante o, en su caso, el beneficiario de la expropiación**. En consecuencia, se declara la nulidad de pleno derecho del 6.2.°.b) del RVLS».

c. Fallo

En suma, la Sala de lo Contencioso-administrativo del Tribunal Supremo declara haber lugar al recurso de casación interpuesto por la representación legal de la parte interesada contra la referida sentencia del TSJ de Galicia, anulándola, y en consecuencia estima el recurso contencioso-administrativo interpuesto contra el acuerdo del Jurado de Expropiación de Galicia de 29 de junio de 2017, declarándolo a su vez nulo y, por último, se conviene «el derecho del recurrente que el justiprecio de la mencionada finca se determine conforme a lo concluido en el mencionado acuerdo, pero sin reducir el justiprecio de la finca en la indemnización que deben percibir los arrendatarios de la finca».

A TENER EN CUENTA. Las resoluciones judiciales analizadas a lo largo del presente punto podrían contener referencias realizadas a legislación actualmente derogada.

3.
CRITERIOS DE VALORACIÓN

La valoración del justiprecio

A la hora de valorar los bienes o derechos expropiados hay que atender no solo a la LEF y al REF, sino también al Real Decreto Legislativo 7/2015, de 30 de octubre, por el que se aprueba el texto refundido de la Ley de Suelo y Rehabilitación Urbana (TRLSRU).

El **artículo 34 del TRLSRU**, al regular el ámbito del régimen de valoraciones dispone que: «Las valoraciones del suelo, las instalaciones, construcciones y edificaciones, y los derechos constituidos sobre o en relación con ellos, se rigen por lo dispuesto en esta Ley cuando tengan por objeto. (...) b) La fijación del justiprecio en la expropiación, cualquiera que sea la finalidad de ésta y la legislación que la motive».

Es importante tener en consideración que, tal y como establece el **artículo 36.1 de la LEF**: «Las tasaciones se efectuarán con arreglo al valor que tengan los bienes o derechos expropiables al tiempo de iniciarse el expediente de justiprecio, sin tenerse en cuenta las plusvalías que sean consecuencia directa del plano o proyecto de obras que dan lugar a la expropiación y las previsibles para el futuro».

Debemos tener en cuenta que, el artículo 28 del REF establece que el expediente de justiprecio a que se refiere el capítulo III de la LEF se entenderá iniciado, a todos los efectos legales, el día siguiente a aquél en que haya adquirido firmeza el acuerdo declaratorio de la necesidad de la ocupación con independencia de la fecha en que la Administración expropiante extienda la correspondiente diligencia de apertura, pero el Tribunal Supremo se ha pronunciado en el sentido de que:

> «"La cuestión planteada respecto a la fecha a que ha de referirse la valoración de los bienes expropiados incuestionablemente ha de ser resuelta conforme al criterio expresado en el art. 36 de la Ley de Expropiación Forzosa, es decir, la de la iniciación del expediente de justiprecio, sin que pueda tener eficacia, por el principio de jerarquía normativa, lo dispuesto en el art. 28 del Reglamento de esta Ley" **STS de 18 de febrero de 1992, ECLI:ES:TS:1992:1271**. Es decir, la valoración se realiza considerando el "valor que el suelo expropiado tuviese al tiempo de iniciarse el expedien-

> te de justiprecio, como ha declarado constante doctrina jurisprudencial (Sentencias de esta Sala y Sección del Tribunal Supremo de fechas 8 de octubre de 1994, 15 de febrero de 1997 y 21 de junio de 1997 (apelación 7336/92, fundamento jurídico séptimo)"» **STS, rec. 10178/1992, de 22 de septiembre de 1997, ECLI:ES:TS:1997:5556**.

En la **STS, rec. 6680/2009, de 22 de octubre de 2012, ECLI:ES:TS:2012:7198** también se hace alusión a la **fecha que debe considerarse a la hora de la valoración**, y se establece lo siguiente:

> «(...) el criterio jurisprudencial, ciertamente reiterado, (...) que considera como fecha de referencia de la valoración la del inicio del expediente de justiprecio, tiene como justificación evitar que los supuestos de incumplimientos y retrasos de la Administración en los plazos del procedimiento expropiatorio ocasionen un perjuicio al propietario, que no hará suyo el incremento del precio de los terrenos durante el tiempo que la Administración retrase la fijación del justiprecio, y evitar al mismo tiempo que esos incumplimientos proporcionen también un beneficio a la Administración que retrasó la fijación del valor de los bienes. El fundamento de este reiterado criterio jurisprudencial no es otro, por tanto, que evitar que el retraso imputable a la Administración en iniciar el expediente de justiprecio perjudique al expropiado y beneficie a la propia Administración, y así las sentencias de 31 de diciembre de 2002 (recurso 9237/1998) y de 8 de febrero de 2005 (recurso 5076/2000), establecen que cuando ha existido una demora en la tramitación del expediente de justiprecio, el retraso "(...) no puede perjudicar al expropiado, de manera que **en el caso de que el valor de los bienes o derechos ocupados fuese superior en el momento de la efectiva iniciación del expediente de justiprecio habría que estar a éste y en el supuesto de ser superior al tiempo en que debió iniciarse por ministerio de la Ley se deberá tener en cuenta ese momento para la valoración** (...)"».

En la misma línea, la **STS n.º 669/2017, de 18 de abril, ECLI:ES:TS:2017:1547** recoge que:

> «(...) la situación física y jurídica de la finca a tomar en consideración es la que tuviera en la fecha del inicio del expediente de expropiación (...) a la que se aplicarán las normas de valoración y los valores de ese suelo vigentes en la fecha de inicio del expediente de justiprecio, y ello porque al deferir la valoración a la fecha de inicio del expediente de justiprecio, lo que se trata de evitar (en supuestos, como el de autos, en los que la Administración ha demorado injustificadamente la iniciación de la pieza de justiprecio) es que ese prolongado retraso pueda ocasionar "un perjuicio al propietario, que no hará suyo el incremento del precio de los terrenos durante el tiempo que la Administración retrase la fijación del justiprecio, y evitar al mismo tiempo que esos incumplimientos proporcionen también un beneficio a la Administración que retrasó la fijación del valor de los bienes».

El TRLSRU tras establecer unos criterios generales de valoración de inmuebles, realiza una distinción entre suelo rural o suelo urbanizado (artículo 21.1 TRLSRU), por lo que vamos a analizar los criterios de valoración del justiprecio partiendo de esta diferenciación.

A TENER EN CUENTA. La disposición transitoria 3.ª del TRLSRU dispone que:

«1. Las reglas de valoración contenidas en esta ley serán aplicables en todos los expedientes incluidos en su ámbito material de aplicación que se inicien a partir de la entrada en vigor de la Ley 8/2007, de 28 de mayo, de Suelo.

2. Se exceptúan de la aplicación de las reglas de valoración previstas en esta ley, exclusivamente los terrenos en los que, a la entrada en vigor de la Ley 8/2007, concurran de forma cumulativa las tres circunstancias siguientes:

a) Que formasen parte del suelo urbanizable incluido en ámbitos delimitados para los que el planeamiento hubiera establecido las condiciones para su desarrollo.

b) Que existiese una previsión expresa sobre plazos de ejecución en el planeamiento, o en la legislación de ordenación territorial y urbanística.

c) Que en el momento a que deba entenderse referida la valoración, no hubieran vencido los plazos para dicha ejecución o, si hubiesen vencido, fuese por causa imputable a la Administración o a terceros.

Dichos terrenos se valorarán conforme a las reglas establecidas en la Ley 6/1998, de 13 de abril, sobre Régimen de Suelo y Valoraciones, tal y como quedaron redactadas por la Ley 10/2003, de 20 de mayo».

3.1. Criterios generales

¿Cuáles son los criterios generales de valoración de inmuebles?

La **TRLSRU, en su artículo 35**, establece unos criterios generales que han de ser tenidos en cuenta para la valoración de inmuebles, y lo hace en los siguientes términos:

> «1. El valor del suelo corresponde a su pleno dominio, libre de toda carga, gravamen o derecho limitativo de la propiedad.
>
> 2. El suelo se tasará en la forma establecida en los artículos siguientes, según su situación y con independencia de la causa de la valoración y el instrumento legal que la motive.
>
> Este criterio será también de aplicación a los suelos destinados a infraestructuras y servicios públicos de interés general supramunicipal, tanto si estuvieran previstos por la ordenación territorial y urbanística como si fueran de nueva creación, cuya valoración se determinará según la situación básica de los terrenos en que se sitúan o por los que discurren de conformidad con lo dispuesto en esta ley.
>
> 3. Las edificaciones, construcciones e instalaciones, los sembrados y las plantaciones en el suelo rural, se tasarán con independencia de los terrenos siempre que se ajusten a la legalidad al tiempo de la valoración, sean compatibles con el uso o rendimiento considerado en la valoración del suelo y no hayan sido tenidos en cuenta en dicha valoración por su carácter de mejoras permanentes.
>
> En el suelo urbanizado, las edificaciones, construcciones e instalaciones que se ajusten a la legalidad se tasarán conjuntamente con el suelo en la forma prevista en el apartado 2 del artículo 37.

> Se entiende que las edificaciones, construcciones e instalaciones se ajustan a la legalidad al tiempo de su valoración cuando se realizaron de conformidad con la ordenación urbanística y el acto administrativo legitimante que requiriesen, o han sido posteriormente legalizadas de conformidad con lo dispuesto en la legislación urbanística.
>
> La valoración de las edificaciones o construcciones tendrá en cuenta su antigüedad y su estado de conservación. Si han quedado incursas en la situación de fuera de ordenación, su valor se reducirá en proporción al tiempo transcurrido de su vida útil.
>
> 4. La valoración de las concesiones administrativas y de los derechos reales sobre inmuebles, a los efectos de su constitución, modificación o extinción, se efectuará con arreglo a las disposiciones sobre expropiación que específicamente determinen el justiprecio de los mismos; y subsidiariamente, según las normas del derecho administrativo, civil o fiscal que resulten de aplicación.
>
> Al expropiar una finca gravada con cargas, la Administración que la efectúe podrá elegir entre fijar el justiprecio de cada uno de los derechos que concurren con el dominio, para distribuirlo entre los titulares de cada uno de ellos, o bien valorar el inmueble en su conjunto y consignar su importe en poder del órgano judicial, para que éste fije y distribuya, por el trámite de los incidentes, la proporción que corresponda a los respectivos interesados».

El Tribunal Supremo ha reiterado la **desvinculación de la valoración del suelo de su clasificación urbanística**, en el sentido de que se debe atender únicamente a su situación real o fáctica, con el «objetivo de lograr que la valoración se lleve a cabo conforme a "lo que hay" y no a lo que "dice el plan que puede llegar a haber en un futuro incierto"». **STS n.º 1305/2016, de 3 de junio, ECLI:ES:TS:2016:2481**.

A TENER EN CUENTA. El **artículo 43 de la LEF** recoge una cláusula de cierre, según la cual se podrá prescindir de los sistemas de valoración establecidos en la ley, y basar la tasación en **criterios estimativos** cuando se den una serie de requisitos, y lo regula en los siguientes términos:

> «1. No obstante lo dispuesto en los artículos anteriores, tanto el propietario como la Administración podrán llevar a cabo la tasación aplicando los criterios estimativos que juzguen más adecuados, si la evaluación practicada por las normas que en aquellos artículos se fijan no resultare, a su juicio, conforme con el valor real de los bienes y derechos objeto de la expropiación, por ser éste superior o inferior a aquélla. El Jurado Provincial de Expropiación también podrá hacer aplicación de este artículo cuando considere que el precio obtenido con sujeción a las reglas de los anteriores resulte notoriamente inferior o superior al valor real de los bienes, haciendo uso de los criterios estimativos que juzgue más adecuados.
>
> 2. El régimen estimativo a que se refiere el párrafo anterior:
>
> a) No será en ningún caso de aplicación a las expropiaciones de bienes inmuebles, para la fijación de cuyo justiprecio se estará exclusivamente al sistema de valoración previsto en la Ley que regule la valoración del suelo.
>
> b) Sólo será de aplicación a las expropiaciones de bienes muebles cuando éstos no tengan criterio particular de valoración señalado por Leyes especiales.
>
> 3. En los supuestos previstos en el párrafo primero de este artículo comenzarán, desde luego, por evaluar los bienes o derechos expropiados

con arreglo a las normas de valoración que se señalan en esta Ley, pero al mismo tiempo podrá proponer el propietario o la Administración, y decidir en definitiva el Jurado, las rectificaciones que, a su juicio, deban ser introducidas, en alza o en baja, en el justiprecio, fundamentando, con el mayor rigor y detalle, las modificaciones propuestas».

Por su parte, la **sentencia del Tribunal Supremo, rec. 4589/2012, de 19 de enero de 2015, ECLI:ES:TS:2015:69**, reza al respecto:

> «(...) hemos señalado que el criterio de libertad estimativa que establece el artículo 43 LEF no puede excepcionar la aplicación de las reglas propias de valoración del suelo, establecidas con mandatos imperativos en la Ley 6/98.
>
> Entre las sentencias antes reseñadas, la citada en primer lugar, de 30 de enero de 2008, indica al respecto que "...El artículo 23 de la Ley 6/98 establece con toda claridad que a los efectos de expropiación, las valoraciones del suelo se efectuarán con arreglo a los criterios establecidos en la presente Ley, cualquiera que sea la finalidad que le motive y la legislación, urbanística o de otro carácter, que la legitime. Por ello, y aun cuando el objetivo de la Ley es valorar el suelo de acuerdo con su valor real, no es menos cierto que para ello establece el método determinado y concreto que ha de ser aplicado en cada uno de los supuestos y clases del suelo, pues, como expresa el legislador en su exposición de motivos, la Ley se limita a establecer el método aplicable para la determinación de ese valor, en función, claro está, de la clase de suelo y, en consecuencia, del régimen jurídico aplicable al mismo y de sus características concretas. Conclusión de lo anterior es la inaplicación al caso de la libertad de criterio valorativo establecido en el artículo 43 de la Ley de Expropiación Forzosa al estar el mismo en contradicción con la disposición antes mencionada de la Ley de Valoraciones, cuya aplicación, por otro lado, en el presente caso tampoco ha sido cuestionada".
>
> En conclusión, como afirmábamos en la sentencia de 21 de marzo de 2013 (recurso 1883/2010), la valoración del suelo a efectos expropiatorios ha de hacerse según los métodos legales de tasación que, para cada clase de suelo, establecen los artículos 26, 27 y 28 de la Ley 6/98, sin que en ningún caso quepa apartarse del que corresponda, y sin que quepa tampoco acudir a criterios de libertad estimativa, taxativamente excluida con respecto al suelo por el artículo 25.1 de la Ley 6/98"».

3.2. Valoración en el suelo rural

¿Cómo se realiza la valoración del suelo rural?

El Real Decreto Legislativo 7/2015, de 30 de octubre, por el que se aprueba el texto refundido de la Ley de Suelo y Rehabilitación Urbana (TRLSRU, en adelante), en su artículo 21, hace mención al **suelo rural** en los siguientes términos:

> «Está en la situación de suelo rural.
>
> a) En todo caso, el suelo preservado por la ordenación territorial y urbanística de su transformación mediante la urbanización, que deberá incluir, como mínimo, los terrenos excluidos de dicha transformación por

la legislación de protección o policía del dominio público, de la naturaleza o del patrimonio cultural, los que deban quedar sujetos a tal protección conforme a la ordenación territorial y urbanística por los valores en ellos concurrentes, incluso los ecológicos, agrícolas, ganaderos, forestales y paisajísticos, así como aquellos con riesgos naturales o tecnológicos, incluidos los de inundación o de otros accidentes graves, y cuantos otros prevea la legislación de ordenación territorial o urbanística.

b) El suelo para el que los instrumentos de ordenación territorial y urbanística prevean o permitan su paso a la situación de suelo urbanizado, hasta que termine la correspondiente actuación de urbanización, y cualquier otro que no reúna los requisitos a que se refiere el apartado siguiente».

El TRLSRU en el último punto recoge una cláusula de cierre por la que se considera en situación de suelo rural todo aquel que no reúna los requisitos del suelo urbanizado.

A la hora de llevar a cabo la valoración, hay que atender a los artículos 35.3 y 36 del TRLSRU, el artículo 6.4 del Reglamento de Valoraciones de la Ley Suelo (RVLS, en adelante), y el capítulo III del citado reglamento, que se refiere a la valoración en situación de suelo rural.

El artículo 35.3 del TRLSRU se refiere a las edificaciones, construcciones e instalaciones en el suelo rural, añadiendo el reglamento los sembrados y plantaciones en el suelo rural, así como el resto de los elementos unidos inseparablemente al suelo. En estos casos, la tasación se hará con independencia de los terrenos siempre y cuando se cumplan tres requisitos:

- Que se ajusten a la legalidad al tiempo de la valoración, es decir, que se hayan realizado de conformidad con la ordenación urbanística y el acto administrativo legitimante que requiriesen, o hayan sido posteriormente legalizadas de conformidad con lo dispuesto en la legislación urbanística.

- Que sean compatibles con el uso o rendimiento considerado en la valoración del suelo.

- Que no hayan sido tenidos en cuenta en dicha valoración por su carácter de mejoras permanentes, de acuerdo con lo previsto en el artículo 18 del RVLS.

Señala el art. 36 del TRLSRU que cuando se trate de edificaciones, construcciones e instalaciones que deban valorarse con independencia del suelo, se tasarán por el método de coste de reposición según su estado y antigüedad en el momento al que deba entenderse referida la valoración.

Cuando se trate de plantaciones y sembrados preexistentes, así como indemnizaciones por razón de arrendamientos rústicos u otros derechos, se tasarán con arreglo a los criterios de las leyes de expropiación forzosa y de arrendamientos rústicos.

RESOLUCIÓN RELEVANTE

Sentencia del Tribunal Superior de Justicia de Galicia n.º 14/2021, de 25 de enero, ECLI:ES:TSJGAL:2021:330

«Al respecto se debe recordar la constante y pacífica la jurisprudencia que preconiza que los acuerdos valorativos de los jurados de expropiación están revestidos de una especial presunción de acierto, atendido el carácter técnico y la autonomía de origen de los miembros que lo forman (SSTS de 23.11.84, 05.07.90, 28.06.91, 14.10.91, 30.01.97, 08.02.97, 21.05.97, 11.06.97, 16.09.97, 10.12.97, 27.02.98, 04.03.99, 03.05.99, 23.05.03, 03.09.04, 26.10.05, 04.12.07, 24.02.09, 09.06.12, 04.12.12, así como sentencias de esta sala de 06.03.19, 18.09.19, 04.12.19 y 18.12.19, por citar algunas de las más recientes), de modo que tales acuerdos deben ser enjuiciados con el crédito y autoridad que derivan de su imparcialidad, independencia y objetividad, así como de la competencia y preparación técnica de sus componentes, que combinan el conocimiento del derecho con el de la realidad económica en la que de distintas maneras participan. Con todo, como se trata de una presunción 'iuris tantum', quiebra cuando el acuerdo valorativo incurre en errores notorios o en una desajustada apreciación de los datos fácticos probatorios o infracción de preceptos legales, de modo que tal presunción puede ser enervada cuando en el proceso jurisdiccional se acredite que tal decisión tasadora incurre en cualquier infracción del ordenamiento jurídico, incluida la indebida correspondencia del justiprecio asignado a los bienes y derechos expropiados con su valor real (SSTS de 27.02.99, 25.09.99, 22.01.00, 21.03.00, 23.03.00, 28.03.00, 08.04.00, 15.04.00, 16.05.00, 07.04.02, 21.07.02, 22.09.02, 01.02.03, 18.03.03, 25.03.04 y 27.06.16), para lo que el instrumento más idóneo al efecto es la prueba pericial cuyo objeto es aportar al tribunal datos técnicos, científicos o prácticos para examinar los hechos debatidos. A ello se tiene que añadir que la sentencia que se dicte no va a fijar, "ex novo", el justiprecio de los bienes y derechos expropiados, sino a revisar la conformidad o no a derecho del acuerdo del jurado, con arreglo a los motivos de impugnación y pruebas aportadas en la instancia (STS de 21.07.14), de modo que —como ha indicado la STS de 27.12.00, al igual esta sala en sus sentencias de 21.06.16, 04.10.17, 11.10.17, 06.03.19, 14.02.20, 25.09.20 y 13.10.20 —, para que prospere la tesis de la parte actora, no es suficiente con aportar un dictamen que se pronuncie sobre el precio justo del bien o derecho expropiado, sino que también se requiere una prueba rigurosa que destruya la valoración que previamente realizó el jurado en un acuerdo que, como se acaba de indicar, aplicó las reglas de valoración establecidas en la norma y de forma motivada, por lo que su resultado goza de presunción de certeza».

CUESTIÓN

¿A quién le corresponde la indemnización cuando existan cosechas pendientes en el momento de la expropiación?

Cuando en el momento de la ocupación existan cosechas pendientes o se hubieran efectuado labores de barbechera, se indemnizará de las mismas a quien corresponda, es decir, al que, por cualquier título, hubiera de corresponderle los frutos o cosechas pendientes o hubiera realizado los trabajos de barbechera u otras labores análogas en la proporción que les corresponda en su caso (artículos 45 LEF y 45 del REF), pudiendo por tanto corresponderle la indemnización al propietario, al arrendatario, al usufructuario, etcétera.

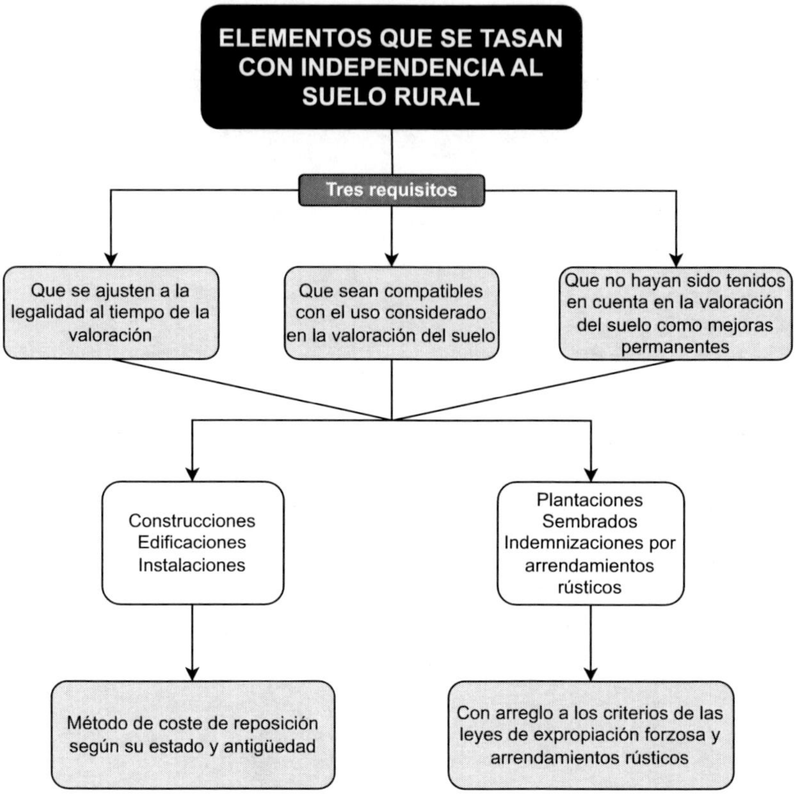

En ningún caso pueden considerarse las expectativas derivadas de la asignación de edificabilidades y usos por la ordenación territorial o urbanística que no hayan sido aun plenamente realizados.

En cuanto al **suelo rural**, su tasación se realizará por tanto independientemente de sus edificaciones, construcciones, instalaciones, sembrados y plantaciones, y aparece regulada en el artículo 36 del TRLSRU y artículos 7 y siguientes del RVLS.

Empezando el análisis por el art. 36 del TRLSRU, vemos que se establece que cuando estamos hablando de suelo rural los terreros se tasarán mediante la **capitalización de la renta anual real o potencial** de la explotación (la que sea superior), según su estado en el momento de la valoración. Reiterándose el reglamento en esta misma idea en su artículo 7.

El **artículo 7 del RVLS** establece que:

> «1. Cuando el suelo estuviera en situación de rural, los terrenos se valorarán mediante la capitalización de la renta anual real o potencial de la explotación calculada de acuerdo con lo previsto en el artículo 9 de este Reglamento, según su estado en el momento al que deba entenderse referida la valoración y adoptándose la que sea superior.
>
> La capitalización de la renta, real o potencial, se realizará de acuerdo con lo dispuesto en el artículo 11 y siguientes de este Reglamento y en función de la naturaleza de la explotación.
>
> 2. Cuando no exista explotación en el suelo rural ni pueda existir dicha posibilidad, por causa de las características naturales del suelo en el momento de la valoración y, por consiguiente, no se pueda determinar una renta real o potencial, se estará a lo dispuesto en el artículo 16 de este Reglamento.
>
> 3. El valor del suelo obtenido de acuerdo con lo dispuesto en los dos apartados anteriores podrá ser corregido al alza mediante la aplicación del factor de corrección por localización al valor de capitalización, en los términos establecidos en el artículo 17 de este Reglamento.
>
> 4. Las edificaciones, construcciones e instalaciones en suelo rural, cuando deban valorarse con independencia del mismo, se tasarán de acuerdo con lo establecido en el artículo 18 de este Reglamento. Para valorar las plantaciones y sembrados preexistentes a que alude el artículo 45 de la Ley de Expropiación Forzosa se estará a lo dispuesto en el artículo 26 del Reglamento para la aplicación de la Ley 87/1978, de 28 de diciembre, sobre seguros agrarios combinados, aprobado por Real Decreto 2329/1979, de 14 de septiembre, y la Orden PRE/632/2003, de 14 de marzo, por la que se aprueba la Norma general de peritación de los daños ocasionados sobre producciones agrícolas.
>
> 5. En ninguno de los casos previstos en este artículo, podrán considerarse expectativas derivadas de la asignación de edificabilidades y usos por la ordenación territorial o urbanística que no hayan sido aún efectivamente realizados».

Con relación a esto, el Tribunal Supremo ha aclarado que la ley exige una doble valoración: con rentas reales y rentas potenciales, para acoger la que sea superior de las dos. En concreto, la **sentencia n.º 1443/2016, de 17 de junio, ECLI:ES:TS:2016:2860,** analiza un tema en el que considera que «procede efectuar una doble valoración por capitalización de rentas reales (las obtenidas de la explotación del pinus pinae, a la que está dedicada el suelo) y de rentas potenciales, éstas no pueden ser otras que las que se pudieran obtener " conforme a su estado en el momento de la valoración", es decir, los eventuales mayores rendimientos que pudieran obtenerse de idéntica explotación, sin que la valoración del suelo por capitalización de rentas potenciales permita acudir a los rendimientos de una explotación forestal distinta e inexistente, aun cuando sea compatible con el suelo expropiado, máxime cuando se trata de una explotación de ciclo largo para la que se precisaría un largo período de tiempo para la obtención de rendimientos». Si bien en este caso se refiere a la antigua Ley de 1998, el fundamento es igualmente aplicable a la ley actual.

CUESTIÓN

¿Qué se entiende por explotaciones rurales?

El Reglamento de valoraciones de la Ley del Suelo en el artículo 10, considera **explotaciones en el suelo rural** las siguientes clases:

«1. Las explotaciones agropecuarias y forestales, cuya actividad comprenda la utilización del suelo rural bien para el cultivo, tanto en secano como en regadío, o el aprovechamiento ganadero o cinegético de prados y pastizales o de cotos de caza en régimen extensivo, bien para la extracción de masa forestal de los bosques naturales e implantados, con destino a la obtención de madera, corcho, celulosa o dendroenergía, o para la generación de rentas por el uso sostenible de bosques y la percepción de ingresos por las aportaciones medioambientales a la sociedad.

2. Las explotaciones extractivas, cuya actividad comprenda la extracción del suelo y subsuelo de minerales, agua, materiales destinados a la construcción, gas, petróleo y otros recursos geológicos y mineros limitados.

3. Las explotaciones comerciales, industriales, de servicios y otras, cuya actividad requiera instalaciones para su desarrollo que, no estando comprendidas en los apartados 1 y 2 del presente artículo, se destinen, entre otras, a alguna de las siguientes finalidades:

a) Intensificar la producción agropecuaria, forestal o minera, entre las que se encontrarían granjas, invernaderos, piscifactorías, viveros, y otras actividades análogas.

b) Añadir valor a la producción agropecuaria, forestal o minera, como pudieran ser las instalaciones de enriquecimiento mineral, los centros logísticos de carga, mataderos, aserraderos, centrales hortofrutícolas, plantas agroenergéticas y dendroenergéticas, y otras actividades análogas.

c) Generar energía en tiempo real, como las instalaciones de parques solares y eólicos, y otras análogas.

d) Establecer infraestructuras para la docencia, investigación y ocio, relacionadas con el medio rural, por ejemplo, escuelas taller, centros de investigación, campos de golf, estaciones de esquí, campings, turismo rural, cotos intensivos, campo de tiro, hipódromos, canódromos y otras análogas».

Es **importante la interpretación que de este artículo hace el Tribunal Supremo**, por ejemplo, en la **sentencia n.° 1938/2017, de 12 de diciembre, ECLI:ES:TS:2017:4364**, donde dispone, con relación a un aparcamiento de caravanas, guarda y custodia de muebles y otros enseres situado en un terreno rural, lo siguiente: «La redacción del precepto pone de manifiesto dos circunstancias relevantes para la resolución del caso, la primera que entre las explotaciones en suelo rural se incluyen actividades terciarias como la que aquí se cuestiona y, la segunda, que no se contiene una enumeración exhaustiva o cerrada de actividades sino que la relación tiene un carácter abierto, como resulta de la reiterada referencia a la expresión "otras análogas". La consecuencia es que la alegación de la parte rechazando la consideración de la renta derivada de la actividad de aparcamiento de caravanas, por la simple circunstancia de su carácter terciario y que no se encuentre entre las enumeradas expresamente en el art. 10 del Reglamento de Valoraciones, no tiene virtualidad suficiente para impedir su valoración, cuando no se excluye de manera justificada la posibilidad de su desarrollo atendiendo a la propia naturaleza de la actividad».

El Reglamento de valoraciones de la Ley del Suelo en su artículo 8 define lo que se entiende por **renta real** y **renta potencial**.

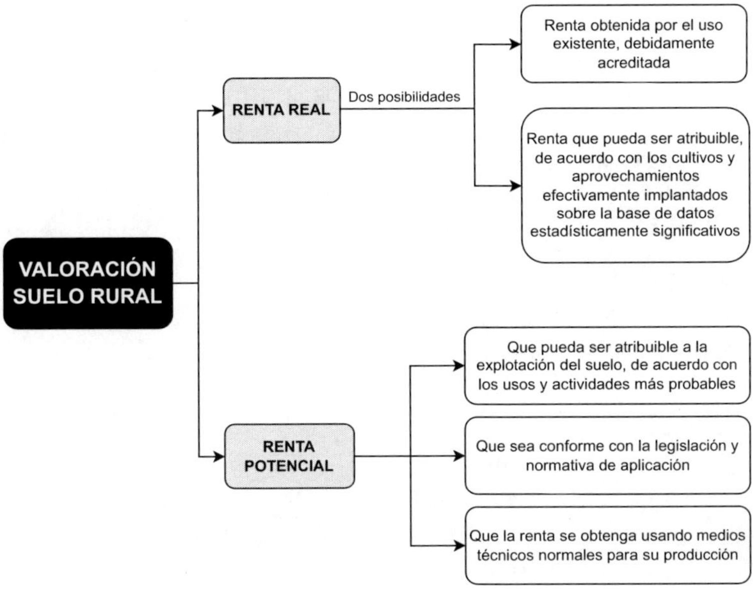

En cuanto a la **renta real,** esta será aquella que corresponda a la explotación del suelo rural de acuerdo con su estado y actividad en el momento de la valoración, ya sea la existente, debidamente acreditada, o la atribuible de acuerdo con los cultivos y aprovechamientos efectivamente implantados sobre la base de datos estadísticamente significativos.

Es decir, el reglamento nos da dos posibilidades a la hora de calcular la renta real: una se llevaría a cabo atendiendo a la situación real de la explotación, acreditando la misma (por ejemplo, con libros de contabilidad, facturas, etcétera) y la otra sería atender a una posible situación atribuible a la explotación, teniendo en cuenta los cultivos y aprovechamientos efectivamente implantados, y en base a datos estadísticamente significativos (lo que resulta de utilidad sobre todo en aquellas explotaciones que no disponen de forma de acreditar su situación).

Por su parte, la **renta potencial** será la que «pueda ser atribuible a la explotación del suelo rural de acuerdo con los usos y actividades más probables de que sean susceptibles los terrenos, de conformidad con la legislación y normativa que les sea de aplicación, utilizando los medios técnicos normales para su producción».

Por consiguiente, la renta potencial que se puede atribuir a la explotación del suelo habrá de tener en cuenta:

- Los usos y actividades más probables para los terrenos en cuestión. Por ejemplo, no es probable que nos encontremos una plantación de plátanos en Asturias, por lo que no podría considerarse un uso probable.

- La legislación y normativa aplicable. Hay que tener en cuenta las limitaciones que están establecidas, y las licencias que se exigen para determinados cultivos.
- La utilización de los medios técnicos «normales» para su producción.

Continúa el reglamento analizando que, para la identificación de tales usos y actividades, deberán considerarse como referentes estadísticamente significativos la existencia y viabilidad de los mismos en su ámbito territorial o, en su defecto, justificarse sobre la base de un estudio económico de viabilidad de la explotación y acreditar la obtención de los títulos habilitantes necesarios para su implantación de acuerdo con la legislación aplicable.

El TRLSRU en el mencionado art. 36, regula que la **renta potencial** se calculará atendiendo al rendimiento del uso, disfrute o explotación de que sean susceptibles los terrenos conforme a la legislación que les sea aplicable, utilizando los medios técnicos normales para su producción. Se incluirán, en su caso, como ingresos las subvenciones que, con carácter estable, se otorguen a los cultivos y aprovechamientos considerados para su cálculo y se descontarán los costes necesarios para la explotación considerada.

Con relación a la renta potencial, el **Tribunal Supremo en la sentencia n.º 367/2017, de 2 de marzo, ECLI:ES:TS:2017:789,** dispone que «la renta potencial que permite servir de alternativa a la real del suelo urbano debe ser no solo la que sea susceptible de alcanzarse con una explotación del suelo "más probable" en una determinación hipotética y abstracta, diferente de la real a que se destinan los terrenos, sino que esa probabilidad de usos y actividades han de estar condicionadas por la posibilidad de dicha explotación "utilizando los medios técnicos normales de producción"; siempre que los mismos sean viables y legitimados por los títulos necesarios para su implantación. Pero sobre todo, es necesario acreditar que tales rentas potenciales aparecen como previsibles, no solo en cuanto a su posibilidad de explotación, sino que previsiblemente sea viable económicamente, lo cual requiere un examen de gastos y eventual posibilidad de comercialización de los productos».

Es importante destacar que el Alto Tribunal ha reiterado en distintas ocasiones que «la valoración de suelo por capitalización de rentas potenciales no puede incluir los rendimientos de una actividad que, aun siendo compatible con el planeamiento, es completamente ajena a la actividad que se viene desarrollando». Por ejemplo, en la **STS n.º 1122/2017, de 26 de junio, ECLI:ES:TS:2017:2616; o la STS, rec. 2892/2014, de 16 de marzo de 2016, ECLI:ES:TS:2016:1105,** la cual, en la misma línea, recoge que: «la valoración del suelo por capitalización de rentas potenciales no puede incluir los rendimientos de una actividad que, aun siendo compatible con el planeamiento, es completamente ajena a la actividad que se viene desarrollando y, sobre todo, que necesitaría la obtención de autorizaciones administrativas en un sector regulado como la energía eléctrica, (artículos 4 y ss. del Real Decreto 661/2007, de 25 de mayo) con unos requisitos técnicos y exigencias, tales como la prevista en el art. 5 de dicha norma "Para la obtención de la autorización de la instalación, será un requisito previo indispensable la obtención de los derechos de acceso y conexión a las redes de transporte o distribución correspondientes"».

Para llevar a cabo los cálculos de la renta de la explotación, el reglamento recoge las fórmulas necesarias en su artículo 9:

Artículo 9. Cálculo de la renta de la explotación.

«1. La renta anual, real o potencial, de la explotación, que podrá estar referida al año natural o al año agrícola o de campaña, se determinará a partir de la información técnica, económica y contable de la explotación actual o potencial en suelo rural. A tal efecto, se considerará la información que sobre la renta de la explotación pueda haber sido acreditada por el propietario o el titular de la misma y, en su defecto, se considerará preferente la información procedente de estudios y publicaciones realizadas por las Administraciones Públicas competentes en la materia sobre rendimientos, precios y costes, así como de las demás variables técnico-económicas de la zona.

En este caso, la renta anual real o potencial de explotación, se determinará según la siguiente fórmula.

$$R = I - C$$

Donde:

R = Renta anual real o potencial de explotación, en euros por hectárea.

I = Ingresos anuales de la explotación, en euros por hectárea.

C = Costes anuales de la explotación, en euros por hectárea.

Cuando no haya podido determinarse la renta de acuerdo con la fórmula anterior, y siempre que en la zona exista información estadísticamente significativa sobre los cánones de arrendamiento u otras formas de compensación por el uso del suelo rural, la renta real o potencial podrá calcularse a partir de dicho canon o compensación que le corresponda al propietario. La renta real o potencial de la explotación se determinará según la siguiente fórmula:

$R = CA + DM$

Donde:

R = Renta anual real o potencial de explotación, en euros por hectárea.

CA= Canon de arrendamiento o compensación anual satisfechos al propietario por el uso de la tierra, en euros por hectárea.

DM = Valor anual de los derechos y mejoras atribuibles al arrendatario o usuario del suelo rural (aparcero, enfiteuta o similar), en euros por hectárea.

2. Cuando como consecuencia de las magnitudes técnicas o económicas utilizadas en el cálculo, la renta real o potencial difiera sustancialmente de los valores de rentabilidad medios de las explotaciones de su misma naturaleza, esta circunstancia deberá justificarse documentalmente.

3. A los efectos del cálculo de la renta real o potencial del apartado 1 de este artículo, se considerarán como ingresos los siguientes:

a) Los correspondientes a la venta de productos, subproductos u otros recursos o materiales de la explotación.

b) Los derivados de la prestación de los servicios de la explotación, incluidos los de naturaleza medioambiental.

c) Los obtenidos con el alquiler de las instalaciones de la explotación.

d) Las subvenciones que, con carácter estable, se otorguen a los cultivos y aprovechamientos considerados.

4. A los mismos efectos, se considerarán como costes los siguientes:

a) Las compras a terceros de materias primas destinadas a la actividad productiva de la explotación.

b) Los pagos por servicios prestados por terceros necesarios para el desarrollo de la actividad productiva de la explotación.

c) El coste total de la adquisición de los equipos, maquinaria e instalaciones de la explotación, incluyendo el valor de las amortizaciones en función de su vida útil, uso y obsolescencia, o el coste de su alquiler.

d) Los sueldos y salarios del personal laboral, incluyendo pagas extraordinarias, cargas laborales y fiscales correspondientes a la empresa, así como las indemnizaciones o suplidos por los gastos realizados por el trabajador a consecuencia de la actividad laboral.

e) El coste de la energía eléctrica, el abastecimiento de agua, la conexión a la red de comunicación y cualesquiera otros servicios de utilidad pública suministrados a la explotación.

f) Impuestos de distinta naturaleza y ámbito fijados sobre la explotación en su conjunto o sobre alguno de sus elementos.

g) Interés del capital circulante.

h) Otros costes ocasionados durante el proceso de actividad de la explotación no susceptibles de ser encuadrados en los apartados anteriores».

Tanto el texto refundido de la ley, como el reglamento, regulan una posible **corrección al alza** en función de factores objetivos de localización, tales como:

- Accesibilidad a núcleos de población.
- Accesibilidad a centros de actividad económica.
- Ubicación en entornos de singular valor ambiental o paisajístico.

Para aplicar esta corrección se exige que debe estar debidamente justificado en el correspondiente expediente de valoración. La **fórmula para calcular este factor de corrección por localización** nos la da el artículo 17 del RVLS, que recoge lo siguiente:

«1. La valoración final del suelo, deberá tener en cuenta la localización espacial concreta del inmueble y aplicar, cuando corresponda, un factor global de corrección al valor de capitalización, según la siguiente fórmula.

$$Vf = V. Fl$$

Donde:

Vf= Valor final del suelo, en euros.

V= Valor de capitalización de la renta de la explotación, en euros.

Fl= Factor global de localización.

2. El factor global de localización, deberá obtenerse del producto de los tres factores de corrección que se mencionan a continuación y no podrá ser superior a dos.

a) Por accesibilidad a núcleos de población, u1.

b) Por accesibilidad a centros de actividad económica, u2.

c) Por ubicación en entornos de singular valor ambiental o paisajístico, u3.

En todo caso, a los efectos del cálculo del factor global de localización, cuando alguno de los tres factores de corrección no resulte de aplicación tomará como valor la unidad.

3. El factor de corrección u1, se calculará aplicando la siguiente expresión.

$$u_1 = 1 + \left[P_1 + \frac{P_2}{3} \right] \cdot \frac{1}{1.000.000}$$

Donde:

P1 = El número de habitantes de los núcleos de población situados a menos de 4 km de distancia medida a vuelo de pájaro, entendida como la distancia en línea recta medida sobre la proyección en un plano horizontal.

P2 = El número de habitantes de los núcleos de población situados a más de 4 km y a menos de 40 km de distancia medida a vuelo de pájaro o 50 minutos de trayecto utilizando los medios habituales de transporte y en condiciones normales.

4. Cuando el suelo rural a valorar esté próximo a centros de comunicaciones y de transporte, por la localización cercana a puertos de mar, aeropuertos, estaciones de ferrocarril, y áreas de intermodalidad, así como próximo a grandes complejos urbanizados de uso terciario, productivo o comercial relacionados con la actividad que desarrolla la explotación considerada en la valoración, el factor de corrección, u2, se calculará de acuerdo con la siguiente expresión:

$$u_2 = 1{,}6 - 0{,}01 \,.\, d$$

Donde:

d = La distancia kilométrica desde el inmueble objeto de la valoración utilizando las vías de transporte existentes y considerando el trayecto más favorable. Esta distancia, en ningún caso, será superior a 60 km.

5. Cuando el suelo rural a valorar esté ubicado en entornos de singular valor ambiental o paisajístico, resultará de aplicación el factor corrector u3, que se calculará de acuerdo con la siguiente expresión:

$$u_3 = 1{,}1 + 0{,}1 \,.\, (p + t)$$

Donde:

p = coeficiente de ponderación según la calidad ambiental o paisajística.

t = coeficiente de ponderación según el régimen de usos y actividades.

A los efectos de la aplicación del factor corrector u3, se considerarán como entornos de singular valor ambiental o paisajístico aquellos terrenos que por sus valores ambientales, culturales, históricos, arqueológicos, científicos y paisajísticos, sean objeto de protección por la legislación aplicable y, en todo caso, los espacios incluidos en la Red Natura 2000.

El coeficiente de ponderación, p, deberá determinarse sobre la base de criterios objetivos de acuerdo con los valores reconocidos a los terrenos objeto de la valoración en los instrumentos de ordenación urbanística y territorial o, en su caso, en las redes de espacios protegidos. Estará comprendido entre unos valores de 0 y 2, y atenderá a los valores y cualidades del entorno, siendo mayor cuanto mayor sea su calidad ambiental y paisajística o sus valores culturales, históricos, arqueológicos y científicos.

El coeficiente de ponderación, t, se aplicará únicamente cuando se acredite que, según los instrumentos de ordenación territorial y urbanística, en los terrenos se permite un régimen de usos y actividades diferentes a los agropecuarios o forestales que incrementan el valor. Estará comprendido entre unos valores de 0 y 7, y atenderá a la influencia del concreto régimen de usos y actividades en el incremento del valor del suelo sin consideración alguna de las expectativas urbanísticas, siendo mayor cuanto mayor sea tal influencia».

CUESTIÓN

Para la capitalización de la renta anual real o potencial a la que se refiere el art. 36.1 del TRLSRU, ¿qué tipo de capitalización se utilizará?

La disposición adicional 7.ª del TRLSRU dispone que:

«1. Para la capitalización de la renta anual real o potencial de la explotación a que se refiere el apartado 1 del artículo 36, se utilizará como tipo de capitalización el valor promedio de los datos anuales publicados por el Banco de España de la rentabilidad de las Obligaciones del Estado a 30 años, correspondientes a los tres años anteriores a la fecha a la que deba entenderse referida la valoración.

2. Este tipo de capitalización podrá ser corregido aplicando a la referencia indicada en el apartado anterior un coeficiente corrector en función del tipo de cultivo, explotación o aprovechamiento del suelo, cuando el resultado de las valoraciones se aleje de forma significativa respecto de los precios de mercado del suelo rural sin expectativas urbanísticas.

Los términos de dicha corrección se determinarán reglamentariamente».

3.3. Valoración en el suelo urbanizado

¿Cómo se realiza la valoración del suelo urbanizado?

El Texto Refundido de la Ley de Suelo y Rehabilitación Urbana (TRLSRU, en adelante), en su artículo 21 apartados 3 y 4, regula lo que se considera suelo urbanizado de la siguiente manera:

«3. Se encuentra en la situación de suelo urbanizado el que, estando legalmente integrado en una malla urbana conformada por una red de viales, dotaciones y parcelas propia del núcleo o asentamiento de población del que forme parte, cumpla alguna de las siguientes condiciones:

a) Haber sido urbanizado en ejecución del correspondiente instrumento de ordenación.

b) Tener instaladas y operativas, conforme a lo establecido en la legislación urbanística aplicable, las infraestructuras y los servicios necesarios, mediante su conexión en red, para satisfacer la demanda de los usos y edificaciones existentes o previstos por la ordenación urbanística o poder llegar a contar con ellos sin otras obras que las de conexión con las instalaciones preexistentes. El hecho de que el suelo sea colindante con carreteras de circunvalación o con vías de comunicación interurbanas no comportará, por sí mismo, su consideración como suelo urbanizado.

c) Estar ocupado por la edificación, en el porcentaje de los espacios aptos para ella que determine la legislación de ordenación territorial o urbanística, según la ordenación propuesta por el instrumento de planificación correspondiente.

4. También se encuentra en la situación de suelo urbanizado, el incluido en los núcleos rurales tradicionales legalmente asentados en el medio rural, siempre que la legislación de ordenación territorial y urbanística les atribuya la condición de suelo urbano o asimilada y cuando, de conformidad con ella, cuenten con las dotaciones, infraestructuras y servicios requeridos al efecto».

El Reglamento de valoraciones de la Ley de Suelo (RVLS, en adelante), en su artículo 6.5, con relación al suelo urbanizado, establece que, las edificaciones, construcciones e instalaciones que se ajusten a la legalidad en los términos establecidos en el artículo 5 de este reglamento, se tasarán conjuntamente con el suelo en la forma prevista por el artículo 23 y siguientes de dicho reglamento. Lo que tendrá en cuenta la valoración de las edificaciones o construcciones será su antigüedad y su estado de conservación. Si han quedado incursas en la situación de fuera de ordenación, su valor se reducirá en proporción al tiempo transcurrido de su vida útil.

El art. 37 del TRLSRU regula el tema de la valoración en el suelo urbanizado. Para ello, parte de una distinción entre tres clases de suelo urbanizado:

1. El suelo urbanizado que no está edificado, o en el que la edificación existente o en ejecución es ilegal, o se encuentra en situación de ruina física.
2. Suelo edificado o en curso de edificación.
3. Suelo urbanizado sometido a actuaciones de reforma o renovación de la urbanización.

El RVLS introduce otras dos clases en su artículo 19:

1. Suelo urbanizado sometido a actuaciones de dotación.
2. Suelo en el desarrollo de actuaciones de transformación urbanística sometidas al régimen de equidistribución de beneficios y cargas en las que concurran los requisitos previstos en el art. 21.1 del texto refundido de la Ley de Suelo (hay que tener en cuenta que esta referencia está hecha al antiguo texto refundido de la Ley de Suelo de 2008).

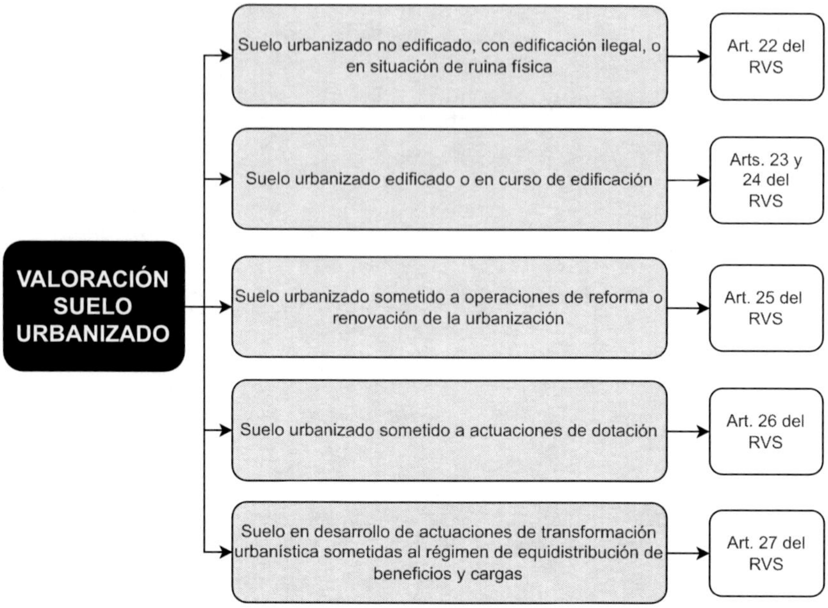

En cuanto al **suelo urbanizado que no está edificado, o con una edificación ilegal o en estado de ruina,** el art. 37.1 del TRLSRU establece que la valoración se hará en atención a tres parámetros:

> «a) Se considerarán como uso y edificabilidad de referencia los atribuidos a la parcela por la ordenación urbanística, incluido en su caso el de vivienda sujeta a algún régimen de protección que permita tasar su precio máximo en venta o alquiler.
>
> Si los terrenos no tienen asignada edificabilidad o uso privado por la ordenación urbanística, se les atribuirá la edificabilidad media y el uso mayoritario en el ámbito espacial homogéneo en que por usos y tipologías la ordenación urbanística los haya incluido.
>
> b) Se aplicará a dicha edificabilidad el valor de repercusión del suelo según el uso correspondiente, determinado por el método residual estático.
>
> c) De la cantidad resultante de la letra anterior se descontará, en su caso, el valor de los deberes y cargas pendientes para poder realizar la edificabilidad prevista».

CUESTIÓN

¿Qué es el ámbito espacial homogéneo?

El art. 20.3 del RVSU recoge que por ámbito espacial homogéneo se entiende la zona de suelo urbanizado que, de conformidad con el correspondiente instrumento de ordenación urbanística, disponga de unos concretos parámetros jurídico-urbanísticos que permitan identificarla de manera diferenciada por usos y tipologías edificatorias con respecto a otras zonas de suelo urbanizado, y que posibilita la aplicación de una normativa propia para su desarrollo. Sobre esto, la **STS n.º 2088/2016, de 27 de septiembre, ECLI:ES:TS:2016:4241**, delimita el concepto de ámbito espacial homogéneo de la siguiente manera: «Se trata de un concepto jurídico indeterminado que acoge el Legislador de 2007, frente al ámbito geográfico establecido en el artículo 29 de la Ley 6/1998, de 13 de abril, sobre Régimen del Suelo y Valoraciones que lo refería al polígono fiscal. La nueva legislación deja más margen de interpretación porque no remite la delimitación espacial a cualquiera de los que se establezca por el planeamiento o la norma catastral. Por ello deberá determinarse en cada caso la delimitación geográfica de características homogéneas, es decir, de iguales caracteres o de elementos iguales, como se define por el Diccionario, en suma, de determinaciones urbanísticas. Pero esa delimitación ha de aparecer suficientemente motivada, tomando en consideración que en la determinación concreta que en cada caso se haga de ese ámbito habrá de tenerse en cuenta una identidad de determinaciones urbanísticas».

RESOLUCIÓN RELEVANTE

Sentencia del Tribunal Superior de Justicia de Madrid n.º 92/2024, de 14 de febrero, ECLI:ES:TSJM:2024:2390

«A tal efecto se ha elaborado una amplia jurisprudencia, que arranca ya del art. 29 de la Ley 6/98, en la que se examinan los distintos aspectos de la valoración, y así, en cuanto a su finalidad, la sentencia de 18 de diciembre de 2017 (rec. 3029/2016) por referencia a la de 18 de abril de 2016 (recurso de casación 841/2016) señala que "la finalidad de la fórmula de cálculo de la edificabilidad media en el Ámbito Espacial Homogéneo no es otra que el cálculo del aprovechamiento patrimonializable de terrenos que no lo tienen asignado por el planeamiento -atribución efectiva de usos e intensidades susceptible de adquisición privada-, es decir, la misma finalidad que la perseguida por el artículo 29 de la Ley del Suelo y Valoraciones 6/1998...

De esta manera, mediante la aplicación de esta fórmula, a las parcelas dotacionales en suelo urbanizado les corresponderá una edificabilidad, a los solos efectos de su valoración, muy semejante o análoga a la de las parcelas edificables próximas que estén integradas en el mismo Ámbito Espacial Homogéneo, lográndose así un equilibrio más justo en la distribución de beneficios y cargas al comparar las parcelas con edificabilidad asignada (edificables) y las que no la tienen asignada (dotacionales) integradas en el mismo Ámbito Espacial Homogéneo."

A tal efecto, se precisa en la sentencia de 24 de septiembre de 2018 (rec. 1950/2016), que: "no estamos ante una norma de ordenación urbanística que distribuye o atribuye el aprovechamiento lucrativo sino ante una norma de valoración del sacrificio patrimonial derivado del ejercicio de la potestad expropiatoria, por ello, no se trata de determinar el aprovechamiento lucrativo que pudiera corresponder a los terrenos dotacionales o que no tengan asignado, mediante el reparto del aprovechamiento lucrativo total establecido, sino que lo que se persigue es garantizar que el propietario de los terrenos expropiados, que carecen de aprovechamiento lucrativo, no se vea perjudicado por la distribución urbanística de los servicios y dotaciones y se valore su propiedad aplicando un aprovechamiento equivalente al reconocido por la ordenación urbanística a los demás propietarios, mediante la determinación, a esos solos efectos valorativos, de la media ponderada de los aprovechamientos, referidos al uso predominante, asignados en el ámbito correspondiente."».

Por **valor de repercusión del suelo** se entiende el resultado de restar al precio de venta del inmueble terminado, todos los costes y gastos de la construcción y el beneficio del promotor. El método residual estático puede definirse como un método para calcular el valor de un terreno edificable o bien inmueble, y consiste en calcular el precio máximo que un promotor estaría dispuesto a pagar para llevar a cabo una promoción con el mayor y mejor uso posible. Es decir, el valor del suelo se obtendría restando al precio de venta de los edificios acabados, los costes y beneficios del proceso de promoción, construcción y venta.

Por ejemplo, si tenemos un solar de 1000 m^2 y concluimos que la opción más rentable es construir un edificio, se valora que entre todas las posibilidades la mejor y más viable es que el edificio tenga 6 plantas, con una planta baja destinada a locales comerciales, y 5 viviendas por cada una de las plantas altas, lo que hace un total de 25 viviendas, y dos plantas subterráneas de aparcamientos. Se calcula el coste total de urbanizar, construir, promover y vender dicha edificación, incluyendo todos y cada uno de los gastos previsibles, y el precio de venta que tendrían. La diferencia entre el precio de venta y el coste total sería lo que se conoce como valor residual estático.

Por su parte, el artículo 22 del Reglamento de valoraciones de la Ley del Suelo recoge el modo de calcular el valor de la siguiente manera:

> «1. El valor en situación de suelo urbanizado no edificado, o si la edificación existente o en curso sea ilegal o se encuentre en situación de ruina física, se obtendrá aplicando a la edificabilidad de referencia determinada según lo dispuesto en el artículo anterior, el valor de repercusión del suelo según el uso correspondiente, de acuerdo con la siguiente expresión.
>
> $$VS = \sum E_i \cdot VRS_i$$
>
> Siendo:
>
> VS = Valor del suelo urbanizado no edificado, en euros por metro cuadrado de suelo. Ei= Edificabilidad correspondiente a cada uno de los usos considerados, en metros cuadrados edificables por metro cuadrado de suelo.
>
> VRSi= Valor de repercusión del suelo de cada uno de los usos considerados, en euros por metro cuadrado edificable.
>
> 2. Los valores de repercusión del suelo de cada uno de los usos considerados a los que hace referencia el apartado anterior, se determinarán por el método residual estático de acuerdo con la siguiente expresión:
>
> $$VRS = \frac{Vv}{K} - Vc$$
>
> Siendo:
>
> VRS = Valor de repercusión del suelo en euros por metro cuadrado edificable del uso considerado.
>
> Vv = Valor en venta del metro cuadrado de edificación del uso considerado del producto inmobiliario acabado, calculado sobre la base de un estudio de mercado estadísticamente significativo, en euros por metro cuadrado edificable.
>
> K = Coeficiente que pondera la totalidad de los gastos generales, incluidos los de financiación, gestión y promoción, así como el beneficio

empresarial normal de la actividad de promoción inmobiliaria necesaria para la materialización de la edificabilidad.

Dicho coeficiente K, que tendrá con carácter general un valor de 1,40, podrá ser reducido o aumentado de acuerdo con los siguientes criterios:

a) Podrá reducirse hasta un mínimo de 1,20 en el caso de terrenos en situación de urbanizado destinados a la construcción de viviendas unifamiliares en municipios con escasa dinámica inmobiliaria, viviendas sujetas a un régimen de protección que fije valores máximos de venta que se aparten de manera sustancial de los valores medios del mercado residencial, naves industriales u otras edificaciones vinculadas a explotaciones económicas, en razón de factores objetivos que justifiquen la reducción del componente de gastos generales como son la calidad y la tipología edificatoria, así como una menor dinámica del mercado inmobiliario en la zona.

b) Podrá aumentarse hasta un máximo de 1,50 en el caso de terrenos en situación de urbanizado destinados a promociones que en razón de factores objetivos como puedan ser, la extraordinaria localización, la fuerte dinámica inmobiliaria, la alta calidad de la tipología edificatoria, el plazo previsto de comercialización, el riesgo previsible, u otras características de la promoción, justifiquen la aplicación de un mayor componente de gastos generales.

Vc = Valor de la construcción en euros por metro cuadrado edificable del uso considerado. Será el resultado de sumar los costes de ejecución material de la obra, los gastos generales y el beneficio industrial del constructor, el importe de los tributos que gravan la construcción, los honorarios profesionales por proyectos y dirección de las obras y otros gastos necesarios para la construcción del inmueble.

Todos los valores deberán estar referidos a la fecha que corresponda según el objeto de la valoración en los términos establecidos en el apartado 2 del artículo 21 del texto refundido de la Ley de Suelo.

3. En caso de parcelas que no se encuentren completamente urbanizadas o que tengan pendiente el levantamiento de cargas o el cumplimiento de deberes para poder realizar la edificabilidad prevista, se descontarán del valor del suelo determinado según el apartado 1 anterior la totalidad de los costes y gastos pendientes, así como el beneficio empresarial derivado de la promoción, de acuerdo con la siguiente expresión:

$$VSo = VS - G. (1 + TLR + PR)$$

Siendo:

VSo = Valor del suelo descontados los deberes y cargas pendientes, en euros.

VS = Valor del suelo urbanizado no edificado, en euros.

G = Costes de urbanización pendientes de materialización y otros deberes y cargas pendientes, en euros.

TLR = Tasa libre de riesgo en tanto por uno.

PR = Prima de riesgo en tanto por uno.

La tasa libre de riesgo, a los efectos de determinar el beneficio de la promoción en este Reglamento, será la última referencia publicada por el Banco de España del rendimiento interno en el mercado secundario de la deuda pública de plazo entre dos y seis años. En cuanto a la prima de riesgo, a los efectos de determinar el beneficio de la promoción en este Reglamento, se fijará en función de los usos y tipologías correspondientes atribuidos por la ordenación urbanística, tomando como referencia los porcentajes establecidos en el cuadro del Anexo IV de este Reglamento en función del tipo de inmueble sin que pueda ser superior al porcentaje que se determine para el coeficiente corrector K establecido en el apartado 2 anterior, incluida la propia prima de riesgo como sumando de la totalidad de los gastos generales.

4. La aplicación del método residual establecido en los apartados anteriores, no considerará otros parámetros económicos que los que puedan deducirse de la situación en el momento de la tasación. En ningún caso se considerarán las expectativas de plusvalías o alteraciones de valor que pudieran producirse en el futuro».

CUESTIÓN

¿Podría utilizarse para llevar a cabo las valoraciones el método residual dinámico?

No, el Tribunal Supremo se ha pronunciado sobre el método residual dinámico (que tiene en cuenta el paso del tiempo), y fue expresamente **rechazado** como método válido «por falta de certidumbre sobre las valoraciones que se traían a colación para concretar el valor de mercado de los inmuebles». **Sentencia del Tribunal Supremo n.º 495/2018, de 22 de marzo, ECLI:ES:TS:2018:1095.**

Con relación al **suelo edificado o en curso de edificación,** recoge la ley que el valor de la tasación será el superior de los dos siguientes:

1. El determinado por la tasación conjunta del suelo y de la edificación existente que se ajuste a la legalidad, por el método de comparación, aplicado exclusivamente a los usos de la edificación existente o la construcción ya realizada.
2. El determinado por el método residual del apartado 1 del art. 37, aplicado exclusivamente al suelo, sin consideración de la edificación existente o la construcción ya realizada.

Es decir, se comparan el valor de suelo y construcción obtenido por el método de comparación, que consiste en comparar bienes similares, con un valor conocido, que poseen magnitudes y características similares a las del bien inmueble comparado, con el valor del suelo calculado aplicando el método residual (ya explicado anteriormente), el cual consistía en restar al precio de venta de los posibles edificios acabados que se podrían llevar a cabo en el suelo a valorar, los costes y beneficios del proceso de promoción, construcción y venta, y nos quedamos con el superior de estos dos valores.

Por su parte, el RVLS regula esta materia en los artículos 23 y 24 en los siguientes términos:

Artículo 23. Valoración en situación de suelo urbanizado edificado o en curso de edificación.

«Cuando se trate de suelo edificado o en curso de edificación, el valor de la tasación será el superior de los siguientes.

a) El determinado por la tasación conjunta del suelo y de la edificación existente que se ajuste a la legalidad según lo establecido en el artículo 5 de este Reglamento, por el método de comparación, aplicado exclusivamente a los usos de la edificación existente o la construcción ya realizada, de acuerdo con el artículo 24 de este Reglamento.

b) El determinado por el método residual, regulado en el artículo 22 de este Reglamento, aplicado exclusivamente al suelo, sin consideración de la edificación existente o la construcción ya realizada».

Artículo 24. Tasación conjunta del suelo y la edificación por el método de comparación.

«1. Cuando exista un conjunto estadísticamente significativo de transacciones reales o de ofertas cuyo número sea igual o superior a seis muestras comparables, la determinación del valor del inmueble por tasación conjunta, establecida en la letra a) del artículo anterior, se realizará por el método de comparación de mercado según lo dispuesto a continuación.

La selección de comparables, que tendrá como objetivo la identificación de testigos que permitan la determinación del valor, se llevará a cabo con un grado de certidumbre suficiente para establecer el valor de sustitución en el mercado del inmueble objeto de valoración. A tal efecto, en la selección de los comparables deberán tenerse en cuenta las siguientes condiciones de semejanza o equivalencia básica:

a) Localización.

b) Uso.

c) Configuración geométrica de la parcela.

d) Tipología y parámetros urbanísticos básicos.

e) Superficie.

f) Antigüedad y estado de conservación.

g) Calidad de la edificación.

h) Gravámenes o cargas que condicionen el valor atribuible al derecho de propiedad.

i) Fecha de toma de datos del comparable.

Cuando en el conjunto de comparables seleccionadas se aprecien diferencias sustanciales entre los precios de oferta y los valores reales de mercado, podrá aplicarse un coeficiente corrector de valor comprendido entre 0,7 y 1, siempre que esta circunstancia quede debidamente justificada en la valoración.

En los casos en que no se pueda aplicar entre las condiciones de semejanza o equivalencia básica la localización, en razón del uso y destino específicos del inmueble, podrán utilizarse en la valoración, para la obtención de una muestra estadísticamente significativa, comparables sobre la base de otros criterios de identidad de razón expresa y debidamente justificados.

2. En aquellos casos en los que no existan suficientes comparables que satisfagan la totalidad de las condiciones de semejanza o equivalencia básica establecidas en el apartado anterior, podrán utilizarse técnicas de homogeneización de precios que consideren, además de los atributos relativos a la localización y demás condiciones de semejanza o equivalencia básica mencionadas, otras circunstancias que, de manera debidamente justificada, puedan producir diferencias significativas de valor.

Para realizar la homogeneización por antigüedad y estado de conservación se utilizarán los coeficientes correctores establecidos en la tabla del Anexo II de este Reglamento, aplicados en proporción al peso correspondiente del valor de la construcción respecto al valor en venta del producto inmobiliario considerado, de acuerdo con la siguiente expresión:

$$Vv' = Vv \frac{1-\beta \cdot F}{1-\beta_i \cdot F}$$

Siendo:

Vv' = Valor en venta del inmueble homogeneizado por antigüedad y estado de conservación, en euros por metro cuadrado.

Vv = Valor en venta del inmueble, en euros por metro cuadrado.

F = Factor de relación del valor estimado de las construcciones, respecto al valor total de la propiedad característico de la zona, expresado en tanto por uno.

β = Coeficiente corrector por antigüedad y estado de conservación del inmueble objeto de valoración.

β_i = Coeficiente corrector por antigüedad y estado de conservación de la muestra.

A los efectos de la determinación del coeficiente β, se seguirán los criterios establecidos en el apartado 4 del artículo 18 de este Reglamento.

3. Tanto la selección de comparables como la homogeneización de los precios y su consideración en la estimación del valor de mercado, deberá justificarse, expresamente, sobre la base de criterios objetivos y racionales. A tales efectos, se dará prioridad a las valoraciones determinadas en procesos estadísticos respecto a las estimaciones basadas en la experiencia de los tasadores.

Los informes técnicos de valoración deberán incluir la documentación relativa a la selección de los comparables, así como los criterios de homogeneización utilizados para su corrección. Dicha información deberá ser lo suficientemente precisa para poder justificar, de forma independiente, los valores estimados de mercado determinados en las tasaciones que, en su caso, hubieran sido realizadas por las partes.

4. El valor final del inmueble se determinará a partir de los valores en venta, corregidos u homogeneizados, en su caso, de acuerdo con lo establecido en este artículo».

El **Tribunal Supremo en la sentencia n.º 1418/2020, de 29 de octubre, ECLI:ES:TS:2020:3496**, se ha pronunciado con relación a este punto y ha establecido que:

«El legislador exige necesariamente llevar a cabo esa doble valoración, por el método de comparación y el método residual, pues solo entonces cabe apreciar cual presenta un importe superior, sin que la Administración ni la parte pueda disponer de tal método efectuando una única valoración por uno solo de tales métodos, pues esa doble valoración no se establece con carácter alternativo sino a efectos de comparación, de manera que solo tras la realización de ambas se excluye la tasación inferior y se acoge la que resulte superior. Por otra parte, la falta de realización de ambas tasaciones no puede justificarse por la simple invocación de desconocimiento de datos fiables, pues, en el caso del método residual los factores a tener en cuenta se establecen con claridad en la propia Ley y el Reglamento de Valoraciones aprobado por Real Decreto 1492/2011; y en el caso de valoración conjunta por el método de comparación, el Reglamento de Valoración en su art. 24 establece sucesivas reglas para la selección de comparables y criterios de homologación que facilitan la tasación, de manera que difícilmente puede justificarse la imposibilidad de su aplicación. (...) tratándose la valoración de suelo urbanizado edificado, para que pueda hablarse de elementos de juicio suficientes a efectos de fijar el justiprecio, es preciso que se haya aplicado el método de valoración establecido en los referidos arts. 24.2 y 37.2 de la legislación del suelo, y en ausencia de la aplicación y seguimiento de tal método de valoración, no puede hablarse de elementos de juicio suficientes, para fijar un justiprecio que se ajuste a las previsiones legales».

También es ilustrativa la **STS n.º 1443/2016, de 17 de junio, ECLI:ES:TS:2016:2860**, donde se recoge lo siguiente:

> «En definitiva el precepto utiliza la misma técnica que en la valoración del suelo urbanizado edificado o en curso de edificación, para la que el art. 24.2 impone una doble valoración: por el método de comparación y por el residual estático, para escoger el que arroje un resultado más elevado, siendo en uno y otro caso —suelo rural y suelo urbanizado edificado— inexcusable la doble valoración (en este sentido nos pronunciamos ya, en relación al suelo urbanizado, en nuestra sentencia de 16 de julio de 2015, casación 3413/13), por lo que, con la nueva Ley ya no resulta de aplicación la jurisprudencia relativa al art. 26.2 de la ley 6/98».

En tercer lugar, en cuanto al **suelo urbanizado sometido a actuaciones de reforma o renovación de la urbanización**, el art. 37.3 del TRLSRU establece que el método residual a que se refieren los apartados anteriores considerará los usos y edificabilidades atribuidos por la ordenación en su situación de origen.

El Tribunal Supremo se ha pronunciado sobre lo que significa la mención a la «situación de origen» en su **STS n.º 842/2016, de 18 de abril, ECLI:ES:TS:2016:1583,** y lo ha hecho en el sentido de entender que no se refiere a la primigenia ordenación, y sí a aquella inmediatamente anterior al instrumento que legitima la expropiación.

Esto lo completa el RVLS en su artículo 25, que se remite a los artículos 22 y 23 del mismo, estableciendo lo siguiente:

> «El valor del suelo urbanizado sometido a operaciones de reforma o renovación de la urbanización, se determinará de acuerdo con lo establecido en el artículo 22 de este Reglamento si el suelo no se encuentra edificado o si la edificación existente o en curso de ejecución es ilegal o se encuentra en situación de ruina física, y de acuerdo con el artículo 23 de este Reglamento si el suelo se encuentra edificado o en curso de edificación. En este sentido, el método residual a que se refieren los artículos citados,

considerará exclusivamente los usos y edificabilidades atribuidos por la ordenación en su situación de origen, tal como se define en el apartado 2 del artículo 20 de este Reglamento.

Los incrementos de valor del suelo urbanizado que, en su caso, sean consecuencia de las actuaciones de reforma o renovación de la urbanización, resultantes de la ordenación urbana, no formarán parte del contenido económico del derecho de propiedad, por no haber sido patrimonializados y estar condicionada su materialización al ejercicio de la acción urbanizadora.

En el supuesto de que las actuaciones de reforma o renovación de la urbanización resultantes de la ordenación urbana generen decrecimientos de valor en relación a la situación de origen, esos decrecimientos tan solo serán objeto de indemnización si la alteración de la ordenación urbanística que los origina, se produce en los términos recogidos en la letra a) del artículo 35 del texto refundido de la Ley de Suelo».

En cuanto al **suelo urbanizado sometido a actuaciones de dotación,** el art. 26 del RVLS dispone que el valor de las parcelas de suelo urbanizado sometido a actuaciones de dotación se determinará mediante la aplicación de los valores de repercusión de suelo correspondientes a los usos y edificabilidades establecidas en el artículo 20 (los atribuidos a la parcela por la ordenación urbanística, incluido, en su caso, el de vivienda sujeta a algún régimen de protección que permita tasar su precio máximo en venta o alquiler).

Por actuaciones de dotación se entienden las que tengan por objeto incrementar las dotaciones públicas de un ámbito de suelo urbanizado para reajustar su proporción con la mayor edificabilidad o densidad o con los nuevos usos asignados en la ordenación urbanística a una o más parcelas del ámbito y no requieran la reforma o renovación de la urbanización de este.

En último lugar, cuando hablamos de **suelo en desarrollo de actuaciones de transformación urbanística sometidas al régimen de equidistribución de beneficios y cargas**, hay que acudir al art. 27 del RVLS, que establece que:

«1. En la ejecución de actuaciones de transformación urbanística en la que los propietarios ejercitan la facultad de participar en régimen de equitativa distribución de beneficios y cargas, y salvo existencia de acuerdo específico suscrito por la totalidad de los mismos con la finalidad de ponderar las propiedades afectadas entre sí o, en su caso, con las aportaciones del promotor de la actuación o de la Administración actuante, el suelo se tasará por el valor que les correspondería terminada la ejecución, en los términos establecidos en el artículo 22 de este Reglamento.

2. En el caso de que algún propietario no pudiera ejercitar la facultad de participar por causa de la insuficiencia de los derechos aportados para recibir una parcela edificable resultante de la actuación, su suelo se tasará por el valor establecido en el apartado anterior, descontados los gastos de urbanización no realizados e incrementados en la tasa libre de riesgo y la prima de riesgo correspondientes a dichos gastos, conforme al apartado 3 del artículo 22 de este Reglamento».

3.4. Otras valoraciones

Obligaciones, acciones, cuotas y demás modalidades de participación en el capital o en los beneficios de empresas mercantiles

El artículo 40 de la Ley de Expropiación Forzosa (LEF, en adelante) establece que se valorarán en atención a la media aritmética que resulte de aplicar los siguientes criterios valorativos:

> «1) La cotización media en el año anterior a la fecha de apertura del expediente.
>
> 2) La capitalización al tipo de interés legal del beneficio promedio de la Empresa en los tres ejercicios sociales anteriores.
>
> 3) El valor teórico de los títulos objeto de expropiación. Se entenderá por valor teórico la diferencia entre activo real y pasivo exigible en el último balance aprobado».

Concesiones administrativas

La **valoración de las concesiones administrativas** se regula en la LEF, en su artículo 41. En dicho precepto se dispone que para determinar el justiprecio de las concesiones administrativas, se estará a las normas de valoración en caso de expropiación o de rescate que pueda contener la legislación especial y, en su defecto, se atenderá a las siguientes reglas:

> «Primera. Cuando se trate de concesiones perpetuas de bienes de dominio público que tengan establecido un canon concesional, se evaluará la concesión a tenor del artículo treinta y nueve, descontándose de la cantidad que resulte el importe capitalizado al interés legal del canon concesional.
>
> Segunda. Cuando se trate de concesiones de servicios público o de concesiones mineras otorgadas en fecha anterior a tres años, el precio se establecerá por el importe capitalizado al interés legal de los rendimientos líquidos de la concesión en los tres últimos años, teniendo en cuenta, en su caso, el plazo de reversión. Sin embargo, en ningún caso el precio podrá ser inferior al valor material de las instalaciones de que disponga la concesión y que estén afectas a la misma, teniendo en cuenta, en el caso de concesiones temporales, el valor de amortización de estas instalaciones, considerando el plazo que resta para la reversión.
>
> Tercera. En las concesiones a que se refiere el número anterior, que llevasen menos de tres años establecidas o que no estuviesen en funcionamiento por estar todavía dentro del plazo de instalación, la determinación del precio se ajustará a las normas del artículo cuarenta y tres».

A TENER EN CUENTA. En la actualidad, el artículo 39 de la LEF al que se hace referencia se encuentra derogado, por lo cual, el artículo 41.1.1.ª no resulta de aplicación. Además, cabe destacar que en nuestro ordenamiento jurídico se rechazan las concesiones perpetuas.

Continúa el artículo 41 en su punto segundo aclarando que las citadas reglas «serán de aplicación para la expropiación de concesiones de minas de minerales especiales de interés militar y de minerales radiactivos, salvo en lo relativo, en cuanto a estos últimos, a las indemnizaciones y premios por descubrimiento establecidos en la legislación especial».

CUESTIÓN

¿Pueden aplicarse las reglas del artículo 41 de la LEF a concesiones que lleven menos de tres años establecidas?

El propio artículo 41.1 en su apartado tercero recoge que cuando las concesiones lleven menos de tres años establecidas, o no están en funcionamiento por encontrarse dentro del plazo de instalación, la determinación del precio se ajustará al artículo 43 de la LEF (que recoge la posibilidad de llevar a cabo la tasación aplicando los criterios estimativos que se consideren más adecuados).

La **sentencia del Tribunal Supremo, rec. 4039/2013, de 6 de octubre de 2015, ECLI:ES:TS:2015:4103,** lleva a cabo una aclaración sobre el artículo 41 de la LEF como sigue a continuación:

> «(...) el precepto expropiatorio hace una salvedad en favor de la normativa especial de valoración de concesiones, para cuando su legislación especial no establezca normas específicas de valoración. En este sentido se dispone en el párrafo primero del mencionado precepto expropiatorio que se aplicaran las reglas que se contienen en los restantes párrafos del precepto cuando las concesiones administrativas "no contenga normas de valoración en casos de expropiación o de rescate"; lo que comporta que cuando exista esa normativa especial, no procede la aplicación del precepto sino la normativa específica». En la citada sentencia se especifica también que, si hablamos de valoración de concesiones mineras, estaríamos ante «una concesión que no tiene normativa específica de valoración en caso de expropiación o rescate, de ahí que los Tribunales, acorde a lo establecido en el mencionado precepto, se atengan a lo establecido en el precepto de la Ley de Expropiación».

CUESTIÓN

Dentro de la indemnización por la expropiación forzosa de una concesión administrativa ¿cabe incluir las indemnizaciones por despido que traigan causa en dicha expropiación?

Sí, cabe la indemnización como consecuencia de la extinción de todos los contratos laborales asociados a la explotación, a resultas de la expropiación de la concesión. Hay que tener en cuenta que la jurisprudencia considera la expropiación forzosa de la concesión como supuestos de despido por causas objetivas o de fuerza mayor previstos legalmente. Así, por ejemplo, la **STS, rec. 4039/2013, de 6 de octubre de 2015, ECLI:ES:TS:2015:4103**, recoge lo siguiente:

«No en vano, la **STS 3ª 4ª, de 25 de noviembre de 2008, RC 117/2006***, habría puesto de relieve que el rescate de una concesión (y con mayor motivo una expropiación pura y dura) constituye motivo de "fuerza mayor" (léase: acontecimiento externo y ajeno al círculo o poder de decisión de la empresa, de carácter imprevisible o inevitable) susceptible de traer al caso los supuestos de extinción de la relación laboral por causas objetivas a los que nos hemos venido refiriendo».*

Por su parte, el texto refundido de la Ley de Suelo y Rehabilitación Urbana (TRLSRU, en adelante) y el Reglamento de Valoraciones de la Ley del Suelo (RVLS, en adelante) también se pronuncian sobre la valoración de las concesiones administrativas en sus artículos 35.4 y 6.6, respectivamente. Así, ambos preceptos se remiten a las disposiciones sobre expropiación que específicamente determinen el justiprecio de los mismos. Subsidiariamente, según las normas del derecho administrativo, civil o fiscal que resulten de aplicación.

Artículo 35.4

«4. La valoración de las concesiones administrativas y de los derechos reales sobre inmuebles, a los efectos de su constitución, modificación o extinción, se efectuará con arreglo a las disposiciones sobre expropiación que específicamente determinen el justiprecio de los mismos; y subsidiariamente, según las normas del derecho administrativo, civil o fiscal que resulten de aplicación.

Al expropiar una finca gravada con cargas, la Administración que la efectúe podrá elegir entre fijar el justiprecio de cada uno de los derechos que concurren con el dominio, para distribuirlo entre los titulares de cada uno de ellos, o bien valorar el inmueble en su conjunto y consignar su importe en poder del órgano judicial, para que éste fije y distribuya, por el trámite de los incidentes, la proporción que corresponda a los respectivos interesados».

Artículo 6.6

«De conformidad con lo dispuesto en el artículo 22.4 del texto refundido de la Ley de Suelo, la valoración de las concesiones administrativas y de los derechos reales sobre inmuebles, a los efectos de su constitución, modificación o extinción, se efectuará con arreglo a las disposiciones sobre expropiación que específicamente determinen el justiprecio de los mismos y subsidiariamente, según las normas del derecho administrativo, civil o fiscal que resulten de aplicación.

Al expropiar una finca gravada con cargas, la Administración que la efectúe podrá elegir entre fijar el justiprecio de cada uno de los derechos que concurren con el dominio, para distribuirlo entre los titulares de cada uno de ellos, o bien valorar el inmueble en su conjunto y consignar su importe en poder del órgano judicial, para que éste fije y distribuya, por el trámite de los incidentes, la proporción que corresponda a los respectivos interesados».

Derechos reales

Para el estudio de la valoración de los derechos reales es interesante partir de lo establecido en el artículo 35.1 del TRLSRU, según el cual el valor del suelo corresponde a su pleno dominio, libre de toda carga, gravamen o derecho limitativo de la propiedad, ratificándose dicha norma por el artículo 6.2 del Reglamento de valoraciones, el cual añade que, cuando existan cargas, gravámenes o derechos limitativos de la propiedad, el valor de estos deberá deducirse del valor del derecho de propiedad.

Para el supuesto en que la Administración expropie una finca gravada con cargas, puede elegir entre fijar el justiprecio de cada uno de los derechos que concurren con el dominio para distribuirlo entre los titulares de cada uno de ellos, o bien valorar el inmueble en su conjunto y consignar su importe en poder del órgano judicial para que este fije y distribuya la proporción que le corresponde a cada interesado, mediante el trámite de los incidentes.

La Ley de Expropiación Forzosa en su artículo 42 establece que, para determinar el justo precio de los derechos reales sobre bienes inmuebles, habrá que atender a las «normas de valoración señaladas por la vigente legislación del impuesto sobre derechos reales», esto es, el Texto refundido de la Ley del Impuesto sobre Transmisiones Patrimoniales y Actos Jurídicos Documentados, de 24 de septiembre de 1993 y su reglamento de desarrollo.

Por su parte, el art. 35.4 del TRLSRU dispone que la valoración de las concesiones administrativas y de los derechos reales sobre inmuebles, a los efectos de su constitución, modificación o extinción, se efectuará con arreglo a las disposiciones sobre expropiación que específicamente determinen el justiprecio de los mismos. Subsidiariamente, se hará según las normas del derecho administrativo, civil o fiscal que resulten de aplicación, algo que se reitera en el artículo 6.6 del Reglamento de valoraciones de la Ley de Suelo.

CUESTIÓN

Una vez expropiado el inmueble, ¿pueden cancelarse en el Registro de la Propiedad los derechos reales a los que estuviese afecto?

Sí, una vez abonado el justiprecio y ocupado el inmueble se extiende la correspondiente acta que, en virtud del artículo 53 de la LEF, constituye título bastante para que en el Registro de la Propiedad y en los demás registros públicos se inscriba o se tome razón de la transmisión del dominio, cancelándose, en su caso, las cargas, los gravámenes y los derechos reales de toda clase a que estuviere afecta la cosa expropiada (**STS n.º 40/2021, de 21 de enero, ECLI:ES:TS:2021:108**).

Arrendamientos

La Ley de Expropiación Forzosa hace una especial alusión al justiprecio que debe fijarse en beneficio de los arrendatarios del bien expropiado. Ya en su artículo 4 establece que «se iniciará para cada uno de los arrendatarios el respectivo expediente incidental para fijar la indemnización que pueda corresponderle».

Asimismo, el artículo 44 de la citada ley dispone que «en los casos de expropiación de fincas arrendadas, la Administración o entidad expropiante hará efectiva al arrendatario, previa fijación por el Jurado de Expropiación, la indemnización que corresponda, aplicándose para determinar su cuantía las normas de la legislación de Arrendamientos». Es decir, a la hora de valorar la indemnización que les correspondería a los arrendatarios, la LEF se remite a la legislación de arrendamientos, que serían principalmente la Ley de Arrendamientos Urbanos y la Ley de Arrendamientos Rústicos.

Por su parte, el artículo 6 del Reglamento de Expropiación Forzosa (REF, en adelante) reitera el derecho de los arrendatarios rústicos o urbanos a percibir una indemnización independiente, diferenciándolos del resto de titulares de derechos o intereses sobre el bien expropiado.

El artículo 44 del Reglamento de Expropiación Forzosa también hace referencia a las indemnizaciones previstas a favor de los arrendatarios de fincas, en el sentido de afirmar que las mismas únicamente procederán cuando la expropiación lleve consigo la privación definitiva del uso y disfrute de la finca por el titular arrendaticio, pero no cuando la privación de derechos inherentes a la expropiación sea compatible con la continuidad del contrato arrendaticio entre sus primitivas partes. En este último caso, la indemnización a los arrendatarios será la determinada para las ocupaciones temporales, sin perjuicio de la posible aplicación en cualquier hipótesis de lo determinado en los párrafos primero y tercero del artículo 43 de la ley (que debe recordarse que es el artículo que faculta a emplear criterios estimativos).

CUESTIONES

1. ¿Qué se considera privación definitiva del uso y disfrute de la finca por el titular arrendaticio?

El Tribunal Supremo en la **sentencia n.º 507/1978, de 17 de octubre, ECLI:ES:TS:1978:1578**, se ha pronunciado sobre esta cuestión en el sentido de considerar que se produce una privación definitiva cuando la expropiación afecte a los elementos esenciales de la construcción o de aquellos que sean necesarios para la subsistencia del contrato, de tal modo que se haga imposible la adaptación del resto del inmueble no expropiado a los fines a que viene siendo destinado.

2. ¿La indemnización que corresponde a los arrendatarios debe incluir el premio de afección recogido en el artículo 47 del REF?

Sí, las indemnizaciones debidas a los arrendatarios, en caso de privación definitiva para los mismos del uso y disfrute de los bienes o derechos arrendados, se incrementarán también en el precio de afección del 5 %, tal y como especifica el artículo 47 del REF.

Por su parte, el Reglamento de Valoraciones de la Ley del Suelo, en su artículo 6.2 b), actualmente derogado, recogía que habría de deducirse del valor del derecho de propiedad entre otros: «b)Los derechos de arrendamiento que representen, en virtud de la legislación específica en la materia, la imposibilidad de alcanzar la rentabilidad normal de mercado. Los alquileres no protegidos por la legislación arrendaticia, y que en consecuencia responden al funcionamiento libre del mercado, no serán considerados en ningún caso como cargas que detraigan valor del derecho de propiedad».

Es decir, el reglamento entendía que cuando estábamos ante arrendamientos que tienen una legislación específica y la fijación de la renta está condicionada por dicha normativa que excluye la rentabilidad de mercado, las indemnizaciones que debían de reconocerse en favor del arrendatario al que se extingue su derecho de arrendamiento, deberían descontarse del justiprecio fijado a la propiedad y, por tanto, ser soportadas por el propietario y expropiado. Por el contrario, si se trata de arrendamientos sujetos a las reglas del mercado, las indemnizaciones que corresponden al arrendatario no podrían descontarse el justiprecio de la finca, es decir, deben ser con cargo a la expropiación y ser satisfechas por la Administración expropiante, o la beneficiaria de la misma, en su caso.

El Tribunal Supremo ha declarado que dicho precepto vulnera el principio de jerarquía normativa, y lo ha declarado nulo de pleno derecho.

En el citado artículo 6 del Reglamento de valoraciones, en su apartado séptimo, se establece que, para calcular las indemnizaciones arrendaticias, se estará a la legislación estatal siguiente:

> «a) En arrendamientos rústicos y aparcerías, tal y como disponen las leyes de Expropiación Forzosa y de Arrendamientos Rústicos, salvo en el caso de arrendamientos rústicos históricos, en los que el cálculo de la indemnización se efectuará conforme a su legislación propia.
>
> b) En arrendamientos urbanos, conforme a la legislación de arrendamientos urbanos, teniendo en cuenta, en todo caso, los siguientes criterios: dificultad de sustitución del arrendamiento en condiciones análogas y especialmente la derivada de la diferencia de rentas, cuantía de los gastos de traslado por licencias, portes, nuevos contratos, etc. y valor de las mejoras realizadas en el inmueble cuando su percepción corresponda al arrendatario».

A TENER EN CUENTA. La reciente **sentencia del Tribunal Supremo n.º 1154/2021, de 21 de septiembre, ECLI:ES:TS:2021:3533**, declara la nulidad de pleno derecho del artículo 6.2.º.b) del RVLS, por entender que «el artículo 6.2.º.b) del RVLS vulnera los preceptos establecidos en el TRLS/2015, de superior jerarquía normativa, lo cual vicia el precepto de nulidad de pleno derecho, de conformidad con lo establecido en el artículo 47.2.º de la de la Ley del Procedimiento Administrativo Común de las Administraciones Públicas». Y, en consecuencia, considera «que no es admisible, en ningún caso, que con ocasión de la expropiación de una finca que se encuentre arrendada por el propietario, la indemnización por la extinción del arrendamiento en favor del arrendatario como consecuencia de la expropiación pueda reducir el justiprecio fijado a la propiedad, debiendo abonar dicha indemnización al arrendatario la Administración expropiante o, en su caso, el beneficiario de la expropiación».

El REF también se refiere en los artículos 52, 53 y 54 a la extinción de los arrendamientos que se produce necesariamente con la expropiación forzosa, y dispone que la ocupación administrativa solo podrá realizarse cuando los titulares de derechos hayan percibido la indemnización que pudiera corresponderles. Una vez abonada la indemnización, debe notificarse a los ocupantes de la finca expropiada el plazo en que deben desalojarla (respetando, en todo caso, los plazos mínimos señalados por la LAU y demás disposiciones legales) y acaba especificando que los desahucios y lanzamientos que exijan la ocupación de las fincas expropiadas tendrán carácter administrativo.

CUESTIÓN

Cuando el arrendatario realiza mejoras en la vivienda, ¿tiene derecho a que se le indemnice por ellas en caso de expropiación?

El Tribunal Supremo, en **la sentencia, rec. 5462/2006, de 15 de junio del 2010, ECLI:ES:TS:2010:2918**, declara que las mejoras realizadas por el arrendatario en la vivienda, cuando esté establecido que las mismas queden en beneficio de la propiedad y que necesiten autorización del propietario, no generan derecho a indemnización:

«(...) la recurrente no tenía derecho a recuperar el valor de esas mejoras. Siendo ello así, es obvio que dicho valor no formaba parte del derecho arrendaticio expropiado a la recurrente ni, por consiguiente, había de ser tenido en cuenta para el cálculo del justiprecio».

Traslado de industrias o establecimientos mercantiles

Merece una mención especial el supuesto de expropiaciones que afecten a una empresa. Cabe diferenciar entre la expropiación de una empresa en sí misma, y la expropiación de la finca en donde está ubicada.

Cuando se trata de la expropiación de la empresa en sí, con el cese absoluto de sus actividades, se originaría la indemnización del llamado valor comercial o industrial, es decir, se indemnizaría el valor total y conjunto de los distintos elementos que la integran.

Por el contrario, cuando nos referimos a la expropiación de la finca donde está instalada la industria, la empresa se vería obligada a trasladarse a un nuevo emplazamiento, lo que implicaría una tasación de los bienes afectados, y de los perjuicios que ocasiona el traslado, pero no impide que se pueda seguir ejerciendo la actividad en otro emplazamiento.

Cuando la expropiación de la finca conlleve la desaparición de la industria, por la imposibilidad de trasladarla a otra ubicación, debe de acreditarse tal circunstancia, a fin de evitar el enriquecimiento injusto que supondría que, tras haber recibido la indemnización por el conjunto de la industria, se trasladara a lugar diferente y continuara con la misma.

Así, por ejemplo, lo refleja la **sentencia del Tribunal Supremo n.º 157/1981, de 2 de marzo, ECLI:ES:TS:1981:1707**, la cual dispone lo siguiente:

> «(...) tradicionalmente se distingue entre expropiación de industria y expropiación de una finca en la que existe una industria, cuyos efectos indemnizatorios deben ser distintos, pues diferente es la "expropiación de una industria" que consiste en privar a quien la ejerce de continuar dedicándose a ella, y el "traslado de la misma" pudiendo seguir en otro emplazamiento su actividad comercial, distinción cuyas consecuencias han de operar cuando se trate de fijar la indemnización compensatoria de los perjuicios originados en la expropiación forzosa, pues en el primer caso deberá comprender el valor del conjunto de la empresa mercantil o industrial, en tanto que en el segundo habrán de valorarse por separado los distintos bienes patrimoniales y los perjuicios que la variación de emplazamiento origina, ya que si en el supuesto de que exista posibilidad de traslado, se indemnizará al industrial por el valor conjunto de la industria podría operarse un enriquecimiento injusto si la estableciera nuevamente en otra finca o local (sentencia de 24 de abril de 1973)».

También cabe destacar la **sentencia del Tribunal Superior de Justicia de la Comunidad Valenciana n.º 56/2003, de 21 de enero, ECLI:ES:TSJCV:2003:388**, donde, citando la jurisprudencia del Supremo, se recoge que:

> «(...) la jurisprudencia viene manteniendo que cuando por expropiación del local no pueda continuarse un negocio donde se estaba llevando a

cabo, la indemnización correspondiente es la de, traslado del negocio, debiendo acreditarse por el expropiado la imposibilidad de continuar con la industria instalada en otro) lugar para que la indemnización procedente sea la de cese. Así, el Tribunal Supremo ha señalado (Sentencias de 22 de abril de 1960 y 26 de septiembre y 5 de diciembre de 1984) "que una cosa es la expropiación de una empresa en sí misma, lo que originaría la indemnización del llamado valor comercial o industrial, es decir, el valor total y conjunto de los diversos elementos que lo integran, y otra muy distinta, la expropiación de la finca donde esté instalada la industria, que si bien obligaría a su traslado a un nuevo emplazamiento, con la necesaria tasación de los bienes afectados y la consiguiente de los perjuicios que causa el traslado, no impide que se pueda seguir ejerciendo la actividad comercial o industrial en otro emplazamiento, bien entendido, que si bien y en determinados supuestos la expropiación del terreno puede llevar como consecuencia la desaparición de la industria por imposibilidad material o jurídica de ubicarse en otro lugar diferente, esta imposibilidad ha de ser plenamente acreditada, a fin de evitar un enriquecimiento injusto del industrial, indemnizando por el valor en conjunto de su industria, que después trasladara o estableciera en un lugar diferente"».

CUESTIÓN

¿Procede la indemnización por traslado forzoso de la empresa cuando esta estuviera llevando a cabo su actividad sin licencia?

Sí, la jurisprudencia ha reconocido la procedencia de indemnización por el cese de la situación disfrutada en precario, solo cuando dicho cese trae causa de razones externas al acto jurídico en que se funda el precario y no de las propias limitaciones impuestas por la Administración que concedió el precario. La **sentencia del Tribunal Supremo, rec. 1855/2012, de 21 de diciembre, ECLI:ES:TS:2012:8500**, lo explica de la siguiente manera:

«(...) conforme establece el artículo 1.° de la vigente Ley de Expropiación forzosa, en ella se entenderá comprendida cualquier forma de privación singular de la propiedad privada o de derechos o intereses patrimoniales legítimos, cualesquiera que fueran las personas o entidades a que pertenezcan, acordada imperativamente, ya implique venta, permuta, censo, arrendamiento, ocupación temporal o mera cesación de su ejercicio; que el también artículo 1.° del Reglamento de la Ley sanciona que toda la intervención administrativa que implique privación singular de la propiedad, derechos o intereses patrimoniales legítimos a que se refiere el artículo 1.° de la Ley es una expropiación forzosa a todos los efectos; y que la enumeración singular que hace el artículo 1.° de la Ley no tiene carácter enunciativo y no excluye la posibilidad de otros distintos a los fines de la calificación del párrafo anterior. Tan amplio campo objetivo de aplicación de la Ley exige que no se quede sin indemnizar ningún derecho o interés expropiado, incluyéndose en ella y sus beneficios como dice el propio preámbulo "todas las formas de acción administrativas que impliquen una lesión individualizada de los contenidos económicos del derecho del particular por razones de interés general, y como tal se estructura sin perjuicio del obligado respeto a las peculiares características de cada figura en particular". La amplia fórmula expresada en los preceptos legales transcritos, autoriza a que en determinados casos pueda ser la situación de precario objeto de indemnización».

Cuando hablamos de traslado de una industria, ante la ausencia de regulación específica en la ley, la jurisprudencia ha venido configurando los distintos conceptos que integrarían la indemnización. Así, por ejemplo, podemos citar la **sentencia del Tribunal Supremo n.º 157/1981, de 2 de marzo, ECLI:ES:TS:1981:1707,** que establece como partidas indemnizables las siguientes:

- Los gastos de apertura del nuevo establecimiento (pago de tasas por licencias y arbitrios municipales).
- Los gastos del nuevo emplazamiento (acometidas de luz, agua, teléfono).
- Los gastos derivados del traslado físico de los elementos productivos (desmontaje, acarreo, nuevo montaje y puesta a punto).
- Los gastos de sustitución, entendiendo por ello los gastos de las obras de acondicionamiento del nuevo local.
- Las indemnizaciones abonadas por su titular al personal de la empresa durante el periodo de paralización.
- Los beneficios dejados de percibir durante dicho periodo.
- La pérdida total o parcial de clientela.
- El abono de un precio de traspaso o de diferencias de rentas (cuando el expropiado sea arrendatario, ya que, de ser propietario, el TS considera que la indemnización por la pérdida de la titularidad dominical ya le cubriría el gasto de adquisición de una nueva finca a la cual trasladar el negocio).

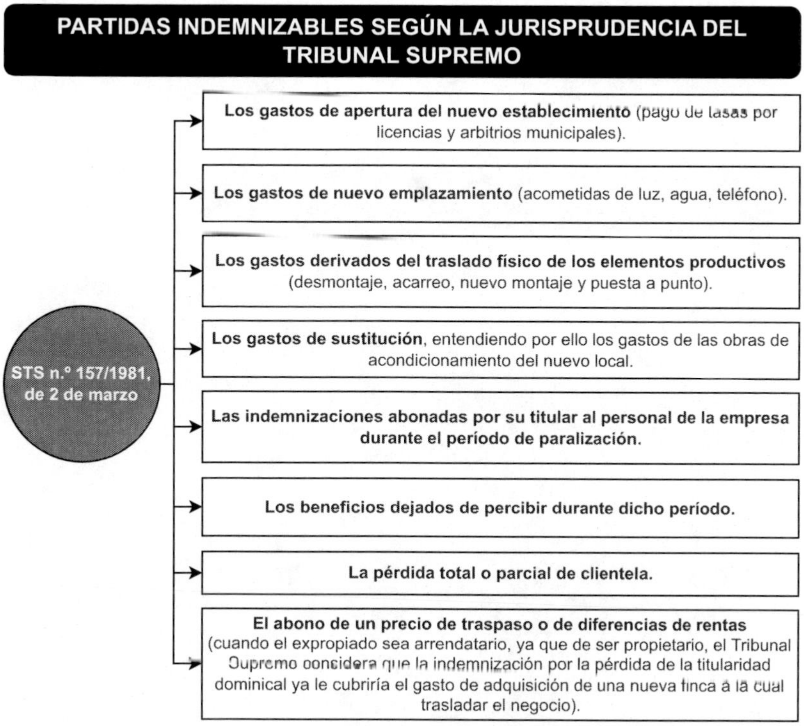

4.
PAGO Y TOMA DE POSESIÓN

4.1. Pago del justiprecio

Pago del justiprecio (artículos 48 a 50 de la Ley de Expropiación Forzosa)

El artículo 48 de la LEF determina que después que se fije el justiprecio se procederá al pago de la cantidad resultante en el plazo máximo de **seis meses**. Dicho pago, será verificado mediante un talón nominativo al expropiado o mediante transferencia bancaria, para el caso en que el expropiado haya manifestado su deseo de recibir el precio por este medio concretamente.

Por su parte, establece el artículo 49 de la LEF que el pago del precio estará exento de toda clase de gastos, de impuestos y gravámenes o arbitrios del Estado, Provincia o Municipio, incluso el de pagos del Estado.

Ahora bien, según lo estipulado en el artículo 50 de la Ley de Expropiación Forzosa, se procederá a consignar el justiprecio por la cantidad objeto de discordia en la Caja General de Depósitos, a disposición de la autoridad o tribunal competente cuando el propietario rehúse recibir el precio o exista cualquier litigio o cuestión entre el interesado y la Administración.

No obstante, el expropiado tendrá derecho a que se le entregue, aunque exista litigio o recurso pendiente, la indemnización hasta el límite en que exista acuerdo entre el mismo y la Administración, quedando en todo caso supeditada la citada entrega provisional al resultado del litigio.

CUESTIONES

1. ¿Cómo se verificará el pago?

Según el apartado segundo del artículo 48 de la LEF, el pago se realizará a través de:

- Talón nominativo al expropiado.
- Transferencia bancaria (si el expropiado ha manifestado su deseo de recibir el precio específicamente por dicho medio).

2. ¿Qué especifica el REF sobre la consignación del justiprecio?

Según el artículo 51 del Reglamento de Expropiación Forzosa se consignará el justiprecio en los siguientes supuestos:

- Si no concurre al acto del pago el propietario o el titular interesado, por sí o por persona que acredite fehacientemente su representación, o cuando rehusaren recibir el precio.
- Cuando fueran varios los interesados y no se pusieren de acuerdo sobre la cantidad que a cada uno corresponde, o existiere cualquier cuestión o litigio entre ellos, o entre ellos y la Administración.
- Si comparece el MF, de conformidad con lo establecido en el artículo 5 de la LEF.
- Si comparecen personas que no puedan enajenar sin permiso o resolución de la autoridad judicial, referido el artículo 6 de la LEF.
- En el caso de bienes inmuebles, los titulares de cargas o derechos reales inscritos en el Registro de la Propiedad no comparecieren al acto del pago.
- En los restantes casos establecidos en las leyes.

Y será objeto de consignación la cantidad a que ascienda el justo precio a la parte del mismo objeto de desacuerdo, según los casos, más la cantidad que proceda por el interés legal liquidado, de acuerdo con los artículos 56 y 57 de la LEF.

Además, la consignación se realizará en la Caja General de Depósitos en metálico y en concepto de depósito necesario sin interés a disposición del expropiado.

Por último, cuando exista litigio pendiente con la Administración el interesado tendrá derecho a que se le entregue la indemnización hasta el límite en que exista acuerdo, quedando en todo caso supeditada dicha entrega provisional al resultado del litigio (artículo 50 del REF).

En relación con el pago del justiprecio se recomienda la lectura pausada de los artículos 48 a 50 del REF.

4.2. Toma de posesión del bien o derecho expropiado

Toma de posesión del bien o derecho expropiado (artículo 51 a 53 de la LEF)

Una vez hecho efectivo el pago del justiprecio, o consignado en la forma establecida en el artículo 50 de la Ley de Expropiación Forzosa, podrá ocuparse la finca por vía administrativa o hacer ejercicio del derecho expropiado, siempre que no se hubiera hecho ya a través del procedimiento excepcional establecido en el artículo 52 de la LEF.

> «Excepcionalmente y mediante acuerdo del Consejo de Ministros, podrá declararse urgente la ocupación de los bienes afectados por la expropiación a que dé lugar la realización de una obra o finalidad determinada. En el expediente que se eleve al Consejo de Ministros deberá figurar, necesariamente, la oportuna retención de crédito, con cargo al ejercicio en que se prevea la

conclusión del expediente expropiatorio y la realización efectiva del pago, por el importe a que ascendería el justiprecio calculado en virtud de las reglas previstas para su determinación en esta Ley. Esta declaración podrá hacerse en cualquier momento e implicará las siguientes consecuencias:

1. Se entenderá cumplido el trámite de declaración de necesidad de la ocupación de los bienes que hayan de ser expropiados, según el proyecto y replanteo aprobados y los reformados posteriormente, y dará derecho a su ocupación inmediata.

2. Se notificará a los interesados afectados, según los artículos tercero y cuarto de esta Ley, el día y hora en que ha de levantarse el acta previa a la ocupación. Esta notificación se llevará a efecto con una antelación mínima de ocho días y mediante cédula. Caso de que no conste o no se conozca el domicilio del interesado o interesados, se entregará la cédula al inquilino, colono y ocupante del bien de que se trate, sin perjuicio de dar cumplimiento a lo dispuesto en el artículo quinto de esta Ley. Con la misma anticipación se publicarán edictos en los tablones oficiales y, en resumen, en el Boletín Oficial del Estado y en el de la Provincia, en un periódico de la localidad y en dos diarios de la capital de la provincia, si los hubiere.

3. En el día y hora anunciados se constituirán en la finca que se trate de ocupar, el representante de la Administración, acompañado de un perito y del Alcalde o Concejal en que delegue, y reunidos con los propietarios y demás interesados que concurran, levantarán un acta, en la que describirán el bien o derecho expropiable y se harán constar todas las manifestaciones y datos que aporten unos y otros y que sean útiles para determinar los derechos afectados, sus titulares, el valor de aquéllos y los perjuicios determinantes de la rápida ocupación. Tratándose de terrenos cultivados se hará constar el estado y extensión de la cosechas, los nombres de los cultivadores y el precio del arrendamiento o pactos de aparcería en su caso. Si son fincas urbanas se reseñará el nombre de los arrendatarios, el precio de alquiler y, en su caso, la industria que ejerzan . Los interesados pueden hacerse acompañar de sus peritos y un Notario.

4. A la vista del acta previa a la ocupación y de los documentos que obren o se aporten el expediente, y dentro del plazo que se fije al efecto, la Administración formulará las hojas de depósito previo a la ocupación. El depósito equivaldrá a la capitalización, al interés legal del líquido imponible, declarado con dos años de antelación, aumentado en un veinte por ciento en el caso de propiedades amillaradas. En la riqueza catastrada el importe del depósito habrá de ser equivalente a la cantidad obtenida capitalizando al interés legal o líquido imponible o la renta líquida, según se trate de fincas urbanas o rústicas, respectivamente. En los casos de que la finca en cuestión no se expropie más que parcialmente, se prorrateará el valor señalado por esta misma Regla. Si el bien no tuviera asignada riqueza imponible, servirá de módulo la fijada a los bienes análogos del mismo término municipal. La cantidad así fijada, que devengará a favor del titular expropiado el interés legal, será consignada en la Caja de Depósitos. Al efectuar el pago del justiprecio se hará la liquidación definitiva de intereses.

5. La Administración fijará igualmente las cifras de indemnización por el importe de los perjuicios derivados de la rapidez de la ocupación, tales como mudanzas, cosechas pendiente y otras igualmente justificadas, con-

tra cuya determinación no cabrá recurso alguno, si bien, caso de disconformidad del expropiado, el Jurado Provincial reconsiderará la cuestión en el momento de la determinación del justiprecio.

6. Efectuado el depósito y abonada o consignada, en su caso, la previa indemnización por perjuicios, la Administración procederá a la inmediata ocupación del bien de que se trate, teniendo en cuenta lo dispuesto en los párrafos segundo y tercero del artículo 51 de esta Ley, lo que deberá hacer en el plazo máximo de quince días, sin que sea admisible al poseedor entablar interdictos de retener y recobrar.

7. Efectuada la ocupación de las fincas se tramitará el expediente de expropiación en sus fases de justiprecio y pago según la regulación general establecida en los artículos anteriores, debiendo darse preferencia a estos expedientes para su rápida resolución.

8. En todo caso, sobre el justiprecio acordado definitivamente para los bienes objeto de este artículo, se girará la indemnización establecida en el artículo cincuenta y seis de esta Ley, con la especialidad de que será fecha inicial para el cómputo correspondiente la siguiente a aquélla en que se hubiera producido la ocupación de que se trata».

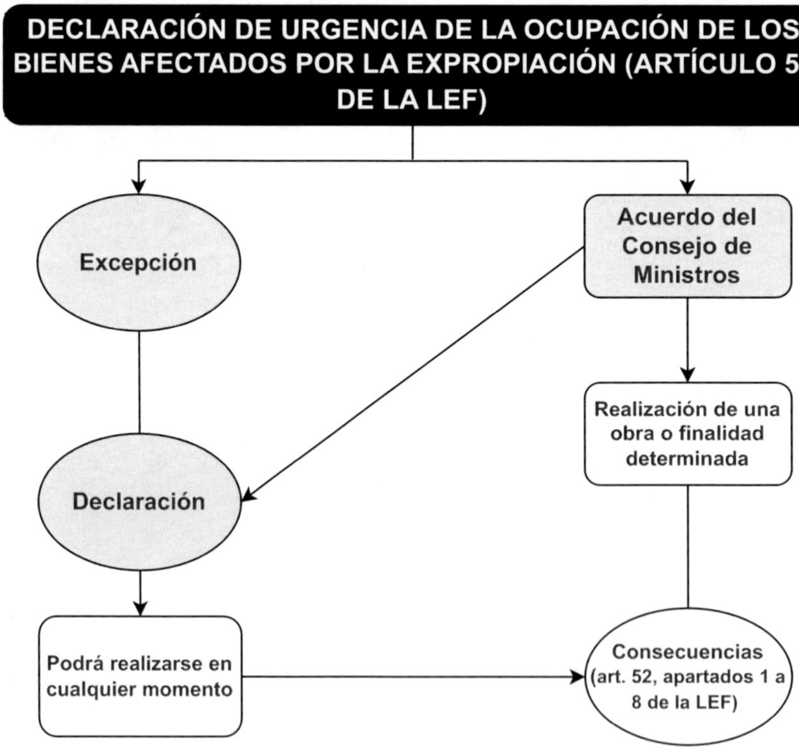

A TENER EN CUENTA. A los efectos de lo dispuesto en el apartado segundo del artículo 91 de la LOPJ y en el apartado sexto del artículo 8 de la LJCA, únicamente tendrán la consideración de lugares cuyo acceso depende del consentimiento del titular, en relación con la ocupación de los bienes inmuebles expropiados, además del domicilio de las personas físicas y jurídicas en los términos del apartado segundo del artículo 18 de la CE, los locales cerrados sin acceso al público. Respecto de los demás inmuebles o partes de los mismos en los que no concurran las condiciones expresadas en el párrafo segundo del artículo de referencia, la Administración expropiante podrá entrar y tomar posesión directamente de ellos, una vez cumplidas las formalidades dispuestas en la LEF, recabando del delegado del Gobierno, si fuera necesario, el auxilio de las Fuerzas y Cuerpos de Seguridad del Estado para proceder a su ocupación (artículo 51 de la LEF).

CUESTIÓN

¿Qué eficacia tendrá el acta de ocupación?

El acta de ocupación extendida a continuación del pago y acompañada de los justificantes del mismo se considerará título bastante para la:

- Inscripción o toma de razón de la transmisión de dominio en el Registro de la Propiedad y en los demás registros públicos.
- Verificación de la cancelación de las cargas, gravámenes y derechos reales de toda clase a que estuviere afectada la cosa expropiada (en su caso).

Igual efectos surtirá, dicha acta de ocupación acompañada del justificante de la consignación del precio o del correspondiente resguardo de depósito.

Asimismo, los antedichos documentos serán títulos de inmatriculación en el RP, según establece el artículo 53 de la LEF.

En adición, el apartado segundo del artículo 55 del REF especifica que, en los casos de bienes o derechos reales inscribibles en el Registro de la Propiedad, el acta de ocupación deberá reflejar los siguientes aspectos:

- Beneficiario persona natural: nombres, apellidos y estado civil.
- Beneficiario persona jurídica: denominación con que fuese conocida, domicilio y nombre y circunstancias de las personas que en su representación intervinieren en el acta de ocupación.
- Iguales circunstancias de la/s persona/s que de acuerdo con el acta de pago reciban el justo precio.
- Si se produce la consignación, la razón por la que se llevó a cabo de acuerdo con el artículo 51 del REF.
- Naturaleza, situación y linderos de los bienes inmuebles objeto de la expropiación o a los que afecte el derecho que deba inscribirse o cuya inscripción cancele, y su medida. superficial.
- Naturaleza y extensión del derecho a que se refiera la expropiación.
- Obra o servicio causante de la expropiación.

Asimismo, en relación con la toma de posesión del bien o derecho expropiado se recomienda la lectura de los artículos 52 a 59 de la REF.

ART. 55 DEL REGLAMENTO DE LA LEY DE EXPROPIACIÓN FORZOSA

El acta de ocupación deberá contener las prevenciones siguientes

Beneficiario persona natural → **nombres, apellidos y estado civil.**

Beneficiario persona jurídica→ **denominación con que fuese conocida, domicilio y nombre y circunstancias de las personas que en su representación intervinieren en el acta de ocupación..**

Iguales circunstancias de la/s persona/s que de acuerdo con el acta de pago **reciban el justo precio.**

Si se produce la consignación, la **razón por la que se llevó a cabo** de acuerdo con el art. 51 del REF.

Naturaleza, situación y linderos de los bienes inmuebles objeto de la expropiación o a los que afecte el derecho que deba inscribirse o cuya inscripción cancele, y su medida superficial.

Naturaleza y extensión del derecho a que se refiere la expropiación.

Obra y servicio causante de la expropiación.

RESOLUCIÓN RELEVANTE

Sentencia del Tribunal Superior de Justicia de Cataluña n.° 3356/2022, de 29 de septiembre, ECLI:ES:TSJCAT:2022:8275

«"Despejada la anterior cuestión es ahora el momento de determinar el momento en virtud del cual, en el devenir del procedimiento de expropiación, se le impone a la Administración la obligación de tener que consumar la misma, sin posibilidad de poder renunciar a la expropiación ya iniciada. Y en esa labor es lo cierto que, pese a la confusión que se quiere generar en la sentencia de instancia, la jurisprudencia de esta Sala es clara al respecto, como pone de manifiesto la sentencia de esta Sala Tercera del Tribunal Supremo en la sentencia de 22 de octubre de 2013 (RJ 2013, 7363), dictada en el recurso de casación 765/2011, en la que con abundante cita e incluso haciendo referencia a una sentencia en contra (de 1986), declara en relación con esta cuestión: '[...] Es jurisprudencia clara y constante de esta Sala que la Administración expropiante puede desistir de la expropiación siempre que no se haya producido la ocupación del bien expropiado o que no se haya fijado el justiprecio. La razón por la que la fijación del justiprecio en vía administrativa determina la imposibilidad de desistir de la expropiación es que a partir de ese momento se perfecciona el derecho subjetivo del expropiado al cobro de aquél, tal como se desprende del apartado primero del art. 48 LEF: Más aún, a la luz del apartado segundo del art. 50 LEF, ni siquiera el eventual desacuerdo sobre el monto del justiprecio fijado en vía administrativa es óbice a la existencia de un

auténtico derecho subjetivo del expropiado, pues éste . Así, una vez fijado el justiprecio en vía administrativa, el procedimiento expropiatorio ha concluido, de manera que la Administración expropiante no puede ya desistir. Véanse en este sentido, entre otras muchas, las sentencias de esta Sala de 2 de junio de 1989 (RJ 1989, 4308), 23 de marzo de 1993 (RJ 1993, 1913), 16 de marzo de 2011 (RJ 2011, 2398) y 5 de diciembre de 2012 (RJ 2013, 650). No es ocioso añadir que, si el límite temporal que se acaba de examinar no existiese, quedaría abierta la puerta a comportamientos fraudulentos o abusivos por parte de la Administración expropiante'.

(...)

Es evidente que la sentencia declara que la doctrina reiterada de este Tribunal Supremo considera que el momento en virtud del cual queda cerrada la posibilidad de que la Administración desista de las expropiaciones el de la determinación del justiprecio o, en su caso, la ocupación material de los bienes.

Y merece la pena despejar la admisibilidad de ese doble momento en el que parece confusamente fundarse la sentencia de instancia. Esa dualidad debe valorarse sobre la regla general de que es la determinación del justiprecio en vía administrativa la que determina la imposibilidad de desistir de la expropiación; ahora bien, sabido es que en el llamado procedimiento de urgencia que, pese a su denominación de excepcional (artículo 52 de la Ley de Expropiación Forzosa, ha terminado siendo el más común en la actualidad, la fijación del justiprecio es posterior a la ocupación de los bienes, porque precisamente la urgencia se declara por la necesidad de una ocupación perentoria de los mismos. Así cabe concluirlo del artículo mencionado que en sus párrafos sexto y siguientes autoriza que se procederá a la 'inmediata ocupación del bien de que se trate' con tan solo haber realizado el depósito previo; y tras esa ocupación 'se tramitará el expediente de expropiación en su fase de justiprecio y pago'. Es decir, en estos procedimientos de urgencia, la ocupación tiene lugar una vez se ha realizado la ocupación, a diferencia de lo que sucede en el procedimiento ordinario expropiatorio en el que, tan solo una vez realizado el pago, se procederá a la ocupación, conforme autoriza el artículo 51 de la Ley de Expropiación Forzosa, que precisamente hace la salvedad respecto del procedimiento de urgencia.

Es manifiesto que resultaría contrario a la propia naturaleza del derecho de propiedad ya afectado con un acto tan intenso como la ocupación, excluirla de la regla sobre el desistimiento, aun cuando no se hubiese fijado el justiprecio, precisamente por las especialidades del procedimiento de urgencia.

Lo concluido no puede cuestionarse sobre la argumentación que se hace en la sentencia recurrida de que hasta que no se ha procedido a la ocupación real y material de los bienes no puede estimarse que se ha producido la transmisión del bien expropiado, trayendo a colación la teoría civilística del título y el modo, entendiendo que la fijación del justiprecio, al parecer porque no queda claro, actuaría como título, en tanto que la ocupación equivaldría a la tradición, el modo, por lo que hasta ese momento no habría transmisión del dominio y, por tanto, el adquirente, la Administración, podría desistir de la transmisión. No puede aceptarse esa argumentación porque ni se corresponde la expropiación con el esquema propio de la doctrina y norma civil, ni tan siquiera con ella pueden aceptarse esos argumentos.

En efecto, la expropiación es una potestad que se confiere a determinadas Administraciones Públicas con la finalidad de obtención de los bienes y derechos necesarios para la prestación de los servicios que tienen encomendada. Pero en cuanto potestad, comporta una serie de facultades y deberes, de tal forma que en el haz de facultades que la integra cabe apreciar la de imponer su decisión a los particulares pero, en justa reciprocidad, reconocer obligaciones que constituyen derechos de los ciudadanos. Pues bien, como se declara en la sentencia antes transcrita, la expro-

piación comporta la obligación de la Administración de pagar el justo valor del bien expropiado, la 'correspondiente indemnización', en palabras del artículo 33.3º de la Constitución, de tal forma que con ello se genera un auténtico derecho subjetivo del expropiado a percibir el justiprecio; y ese derecho surge, conforme a lo declarado en la sentencia transcrita, una vez que el mismo ha sido fijado en vía administrativa, incluso ello es así aunque se impugne por el mismo expropiado dicha fijación del justiprecio.

Es decir, el derecho a cobrar el justiprecio no surge, como en el caso de la compraventa —aunque admite excepciones— por la entrega de la cosa, sino que surge por el mero hecho de que haya una decisión administrativa que fije el justiprecio, incluso aunque no se hayan ocupado los bienes que, como norma general, no podrá realizarse sino una vez efectuado el pago. No hay una obligación simultánea entre la entrega del bien y el pago, sino sucesiva.

Pero es que, aun admitiendo la asimilación de la teoría civil del título y el modo, el debate no puede llevar a que necesariamente la ocupación material y efectiva del bien excluiría el desistimiento, sobre la base de que la tradición no se produciría hasta ese momento, porque también en vía civil existen modalidades de tradición diferente de la mera puesta en poder y posesión, como cabe concluir de los artículos 1462 y siguientes del Código Civil, que equipara determinadas formalidades, algunas documentales, a esa entrega material. Pues bien, conforme a la doctrina de la Sala y acoplando sus principios al sistema civil, la fijación del justiprecio equivaldría a la tradición documental al modo en que sucede con la escritura pública en la compraventa"».

4.3. Derecho de reversión

Derecho de reversión en el ámbito de la expropiación forzosa

|| ¿En qué consiste la reversión?

Según el apartado primero del artículo 54 de la Ley de Expropiación Forzosa (LEF, en adelante), el primitivo dueño o sus causahabientes podrán recobrar la totalidad o la parte sobrante de lo expropiado, a través del abono a quien fuera su titular de la indemnización que se establece en el artículo 55 de la LEF en el supuesto de que no se ejecutase la obra o no se estableciera el servicio que motivó la expropiación, así como si hubiera alguna parte sobrante de los bienes expropiados o desapareciese la afectación.

En este sentido, el **Tribunal Supremo en su sentencia, rec. 206/2003, de 30 de enero de 2006, ECLI:ES:TS:2006:580,** define la reversión como «el reverso de la expropiación, la última garantía que la ley concede a los propietarios cuando desaparece la causa o fin que motivó la expropiación, entendida ésta, según el artículo 1 de la Ley de 16 de diciembre de 1954, como la privación singular de la propiedad privada o de derechos o intereses patrimoniales legítimos».

RESOLUCIÓN RELEVANTE

Sentencia del Tribunal Superior de Justicia de Madrid n.º 72/2024, de 29 de enero, ECLI:ES:TSJM:2024:845

«El derecho de reversión, o también llamado derecho de retrocesión de los bienes expropiados quedó establecido ya en el art. 43 de la Ley de 10 de enero de 1879, mantenido en el art. 72 del Reglamento de 13 de junio del mismo año, reiterado en los artículos 59 y 60 del Reglamento de 10 de marzo de 1881, reproducido en los arts. 60 y 61 del Reglamento de 10 de febrero de 1891, regulado por la Ley de 24 de julio de 1918, y vigente hoy en día por imperativo de los arts. 54 y 55 de la Ley de Expropiación Forzosa de 16 de diciembre de 1954, así como, por los artículos 63 y siguientes de su Reglamento de 26 de abril de 1957, estando configurado por la doctrina científica más autorizada como un efecto especial producido por el juego de la causa de la expropiación pudiendo ser caracterizado como la consecuencia de una "invalidez sobrevenida" a la expropiación por la desaparición del elemento esencial de la causa que la motiva, bien por no establecerse el servicio o ejecutarse la obra que motivó la expropiación, así como, también, si hubiera alguna parte sobrante de los bienes expropiados o desapareciese la afectación, pudiendo en tales casos, el primitivo dueño o sus causahabientes, recobrar la totalidad o la parte sobrante de lo expropiado, abonando a la Administración su justo precio, según se señala en el art. 54 de la Ley Expropiatoria, siendo la desaparición del elemento esencial de la causa, la razón determinante que hace que surja el derecho de reversión y siempre, claro está, que se hubiera producido la expropiación de los bienes cuya reversión se pide.

El nacimiento del derecho debe sujetarse siempre a la norma que esté vigente en el momento de su ejercicio. Así lo recoge la sentencia del Tribunal Supremo de 27 de mayo de 2004, recurso 858/2000, que señala:

[...]

Como hemos dicho en conocida y reiterada jurisprudencia de la que es reflejo la Sentencia de esta Sala de 23 de septiembre de 2002, ha de regirse por el ordenamiento vigente al momento de ejercitarse este derecho, pues el derecho de reversión, según declaramos en nuestra Sentencia de 30 de septiembre de 1991, 25 de febrero de 1992, 28 de abril de 1995 y 20 de julio de 2002, aunque hunda sus raíces en el derecho dominical del expropiado, es un derecho nuevo y autónomo, pues no nace ni con el acuerdo de expropiación ni con la consumación de ésta, por lo que, al no ser el procedimiento a través del cual se actúa continuación del expediente expropiatorio, la reversión se ha de regir por la ley vigente en el momento de ejercitarse.

En definitiva, el artículo 54 de la Ley de Expropiación Forzosa y los artículos 63 y 66 del REF distinguen tres situaciones en las que el primitivo dueño o sus causahabientes pueden recobrar lo expropiado, a saber:

a) que no se ejecute la obra o no se establezca el servicio que motivó la expropiación,

b) que haya alguna parte sobrante de los bienes expropiados, y

c) que desaparezca la afectación del bien expropiado al fin que justificó la expropiación.

Por su parte, el artículo 66.1 del Reglamento prohíbe la realización de obras o el establecimiento de servicios distintos en relación con los terrenos o bienes expropiados a aquellos que motivaron la expropiación, causa de reversión ésta que trae causa del hecho de haber desaparecido la utilidad pública y la necesidad de ocupación de los terrenos que justificaron la expropiación.

Ligado a las situaciones en que se puede ejercitar el derecho a recobrar lo expropiado, el artículo 54.3 regula en los siguientes términos las condiciones de su ejercicio:

[...]

3. Cuando de acuerdo con lo establecido en los apartados anteriores de este artículo proceda la reversión, el plazo para que el dueño primitivo o sus causahabientes puedan solicitarla será el de tres meses, a contar desde la fecha en que la Administración hubiera notificado el exceso de expropiación, la desafectación del bien o derecho expropiados o su propósito de no ejecutar la obra o de no implantar el servicio.

En defecto de esta notificación, el derecho de reversión podrá ejercitarse por el expropiado y sus causahabientes en los casos y con las condiciones siguientes:

a) Cuando se hubiera producido un exceso de expropiación o la desafectación del bien o derecho expropiados y no hubieran transcurrido veinte años desde la toma de posesión de aquéllos.

b) Cuando hubieran transcurrido cinco años desde la toma de posesión del bien o derecho expropiados sin iniciarse la ejecución de la obra o la implantación del servicio.

c) Cuando la ejecución de la obra o las actuaciones para el establecimiento del servicio estuvieran suspendidas más de dos años por causas imputables a la Administración o al beneficiario de la expropiación sin que se produjera por parte de éstos ningún acto expreso para su reanudación».

Asimismo, la jurisprudencia del Tribunal Supremo realiza una delimitación del concepto del derecho de reversión en las siguientes sentencias:

Derecho de naturaleza autónoma

STS, rec. 5261/2007, de 25 de mayo de 2011, ECLI:ES:TS:2011:3465

«(...) esta Sala que desde antiguo ha caracterizado el de reversión como un Derecho de naturaleza autónoma [en este sentido, la STS de 19 de noviembre de 2010 (Rec. Cas. 5706/2006)]. Es más, el Derecho de reversión es susceptible, incluso, de transmisión por actos intervivos o mortis causa tal como se deriva de lo decidido en nuestra STS de 24 de abril de 2002 (Rec. Cas. 3877/1997), teniendo en cuenta además que los efectos que de su ejercicio se han de derivar están indisoluble y únicamente vinculados al que resulte titular del mismo por haber sido propietario- expropiado, o por traer causa de éste, respecto de la finca afectada por el correspondiente proyecto».

Caracterizado como «invalidez sobrevenida» a la expropiación

STS, rec. 3608/2009, de 10 de julio de 2012, ECLI:ES:TS:2012:5133

«(...) estando configurado por la doctrina científica más autorizada como un efecto especial producido por el juego de la causa de la expropiación pudiendo ser caracterizado como la consecuencia de una "invalidez sobrevenida" a la expropiación por la desaparición del elemento esencial de la causa que la motiva, bien por no establecerse el servicio o ejecutarse la obra que motivó la expropiación, así como, también, si hubiera alguna parte sobrante de los bienes expropiados o desapareciese la afectación, pudiendo en tales casos, el primitivo dueño o sus causahabientes, recobrar la totalidad o la parte sobrante de lo expropiado, abonando a la Administración su justo precio, según se señala en el artículo 54 de la Ley Expropiatoria, siendo la desaparición del elemento esencial de la causa, la razón determinante que hace que surja el derecho de reversión y siempre, claro está, que se hubiera producido la expropiación de los bienes cuya reversión se pide».

Diferencias entre la devolución de las fincas y la reversión

STS, rec. 293/2006, de 21 de enero de 2009, ECLI:ES:TS:2009:551

«(...) es cosa distinta la devolución de las fincas, consecuencia de una nulidad de las actuaciones expropiatorias, y la reversión que ahora pretende interesar el recurrente, siendo dicha cuestión de reversión ajena a las actuaciones y pronunciamientos de la Administración recurridos, por lo que la citada cuestión acerca de la reversión ha de excluirse del enjuiciamiento del presente recurso, el cual queda exclusivamente limitado a la determinación de si, en contra de lo mantenido por la Administración en los actos objeto de impugnación, resulta o no procedente la declaración de nulidad de las actuaciones expropiatorias con la consiguiente devolución en atención a dicha nulidad y la vía de hecho en que supuestamente incurrió la Administración respecto a las fincas expropiadas».

Sin embargo, **no habrá derecho de reversión** en los siguientes casos:

Artículo 54.2 de la LEF

«a) **Cuando simultáneamente a la desafectación del fin que justificó la expropiación se acuerde justificadamente una nueva afectación a otro fin que haya sido declarado de utilidad pública o interés social**. En este supuesto la Administración dará publicidad a la sustitución, pudiendo el primitivo dueño o sus causahabientes alegar cuanto estimen oportuno en defensa de su derecho a la reversión, si consideran que no concurren los requisitos exigidos por la ley, así como solicitar la actualización del justiprecio si no se hubiera ejecutado la obra o establecido el servicio inicialmente previsto.

b) Cuando la afectación al fin que justificó la expropiación o a otro declarado de utilidad pública o interés social se prolongue durante diez años desde la terminación de la obra o el establecimiento del servicio».

A TENER EN CUENTA. En las inscripciones en el Registro de la Propiedad del dominio y demás derechos reales sobre bienes inmuebles adquiridos por expropiación forzosa, se reflejará el derecho preferente de los reversionistas frente a terceros posibles adquirentes para recuperar el bien o derecho expropiados de conformidad con lo establecido en los artículos 54 y 55 de la LEF, sin cuya constancia registral el derecho de reversión no será oponible a los terceros adquirentes que hayan inscrito los títulos de sus respectivos derechos con arreglo a lo dispuesto en la LH (artículo 54.5 de la LEF).

RESOLUCIÓN RELEVANTE

Sentencia del Tribunal Superior de Justicia de Madrid n.° 552/2023, de 6 de noviembre, ECLI:ES:TSJM:2023:12075

«Sobre la solicitud de reversión, expone los fundamentos legales y jurisprudenciales de la institución (fundamentos jurídicos sexto y séptimo), transcribe en sus fundamen-

tos de derecho octavo y noveno el contenido de la resolución recurrida; y en el décimo estima que no procede la reversión de acuerdo con lo dispuesto en los artículos 54.2.b) de la Ley de Expropiación Forzosa de 16 de diciembre de 1954 (LEF) y 47.1.a) del Real Decreto Legislativo 7/2015, de 30 de octubre, por el que se aprueba el texto refundido de la Ley de Suelo y Rehabilitación Urbana (TRLS). Todo ello por entender que resulta acreditado que, con base en el contenido de varias páginas web y búsquedas en "Google" que la sentencia identifica, considera que el Estadio Olímpico de La Peineta fue inaugurado en el año 1994 y se han celebrado en el mismo diversos acontecimientos deportivos, hasta su cierre definitivo en 2005, por lo que concluye que desde 1994 este estadio fue destinado a un uso deportivo y eventualmente recreativo, de carácter público y, por tanto, tuvo efectivo e implantado un uso dotacional público durante más de ocho años, plazo que señalan los preceptos a la extinción del derecho de reversión.

-En lo tocante a la retasación, la sentencia convalida la interpretación que la resolución recurrida hace del artículo 47.2.b) del Real Decreto Legislativo 7/2015, de 30 de octubre, por el que se aprueba el texto refundido de la Ley de Suelo y Rehabilitación Urbana: en los casos en que se produce la consumación de la expropiación por destinarse el bien expropiado al fin que justificó la expropiación y se mantiene durante el plazo legal previsto, no procede el derecho de reversión ni tampoco procede el derecho de retasación en los casos en que el derecho de reversión ya ha caducado. Considera que su tercer párrafo efectúa una remisión al régimen jurídico del derecho de reversión en todo lo no previsto en el párrafo anterior y esa remisión, que implica una aplicación del régimen temporal establecido para el derecho de reversión, también al derecho de retasación, con lo cual, al haberse extinguido el derecho de reversión por consumación de la expropiación sobre la superficie expropiada, no procede tampoco el derecho de retasación».

CUESTIONES

1. ¿Cuál será el plazo de solicitud de la reversión?

El plazo para que el dueño primitivo o sus causahabientes puedan solicitar la reversión será el de tres meses, a contar desde la fecha en que la Administración hubiera notificado:

- El exceso de expropiación.
- La desafectación del bien o derecho expropiados.
- El propósito de no ejecutar la obra o de no implantar el servicio.

En el caso de que no se produzca la anterior notificación, el derecho de reversión podrá ejercitarse por el expropiado y sus causahabientes en los siguientes supuestos:

- Si se hubiera producido un exceso de expropiación o la desafectación del bien o derecho expropiados y no transcurrieran veinte años desde la toma de posesión de los mismos.
- Si hubieran transcurrido cinco años desde la toma de posesión del bien o derecho expropiados sin iniciarse la ejecución de la obra o la implantación del servicio.
- Si la ejecución de la obra o las actuaciones para el establecimiento del servicio estuvieran suspendidas más de dos años por causas imputables a la Administración o al beneficiario de la expropiación sin que se produjera por parte de estos ningún acto expreso para su reanudación (artículo 54.3 de la LEF).

2. ¿A quién corresponderá la competencia para resolver sobre la reversión?

La competencia para resolver sobre la reversión corresponderá a la Administración en cuya titularidad se encuentre el bien o derecho en el momento en que se solicite aquélla o a la que se encuentre vinculado el beneficiario de la expropiación, en su caso, titular de los mismos (artículo 54.4 de la LEF).

Procedimiento para el ejercicio del derecho de reversión (artículo 55 de la LEF)

Es presupuesto del ejercicio del derecho de reversión de los bienes y derechos expropiados la restitución de la indemnización expropiatoria percibida por el expropiado, actualizada de conformidad a la evolución del índice de precios al consumo en el período comprendido entre la fecha de iniciación del expediente de justiprecio y la de ejercicio del derecho de reversión. Dicha determinación se realizará por la Administración en el mismo acuerdo que reconozca el derecho de reversión.

De manera excepcional, cuando el bien o derecho expropiado hubiera experimentado cambios en su calificación jurídica que condicionaran su valor o hubieran incorporado mejoras aprovechables por el titular de aquel derecho o sufrido menoscabo de valor, se procederá a una nueva valoración del mismo, referida a la fecha de ejercicio del derecho, determinada de acuerdo con los artículos 24 a 47 de la LEF.

A TENER EN CUENTA. La toma de posesión del bien o derecho revertido no podrá tener lugar sin el previo pago o consignación del importe resultante de acuerdo con los apartados primero y segundo del artículo de referencia. El citado pago o consignación deberá tener lugar en el plazo máximo de tres meses desde su determinación en vía administrativa, bajo pena de caducidad del derecho de reversión y sin perjuicio de la interposición de recurso contencioso-administrativo. En este último supuesto, las diferencias que pudieran resultar de la sentencia que se dicte deberán satisfacerse o reembolsarse, según proceda, incrementadas con los intereses devengados al tipo de interés legal desde la fecha del primer pago en el plazo de tres meses desde la notificación de la sentencia bajo pena de caducidad del derecho de reversión en el primer caso (artículo 55.3 de la LEF).

CUESTIÓN

¿Qué preceptos del REF regulan la citada reversión?

La reversión de bienes y derechos expropiados se encuentra regulada en los artículos 63 a 70 del REF.

RESOLUCIÓN RELEVANTE

Sentencia del Tribunal Superior de Justicia de Madrid n.º 107/2023, de 26 de febrero de 2024, ECLI:ES:TSJM:2024:2041

«Un grupo de primeras sentencias de la sección 4ª se pronunciaron en el sentido de que el cálculo del justiprecio reversional respecto de varias fincas expropiadas en el proyecto de expropiación " Fuencarral- Malmea", debía hacerse conforme al artículo 55.1 de la LEF. Dichas sentencias apreciaron vicio de incongruencia en las dictadas en la instancia, que no se habían pronunciado sobre el alcance de la obligación de restituir el justiprecio por parte de los revisionistas. Sin embargo, la razón de dichos pronunciamientos fue, precisamente la contraria a la que sustenta la posición de la administración en este caso. En tales procedimientos, el Ayuntamiento de Madrid ya introdujo en su oposición a las apelaciones de los recurrentes la cuestión de que la causa determinante del reconocimiento del derecho de reversión era precisamente la concurrencia de un cambio o mutación en el uso o destino que justificó en su día

la expropiación a los efectos el artículo 55.2º LEF; pero la Sala repuso que no podía acoger ese alegato, porque no la administración no cuestionó en el proceso judicial la aplicación del artículo 55.1 que reclamaban los recurrentes. Sirva de ejemplo lo que dice la sentencia nº 81/2011, de 25 de marzo de 2011, recurso nº 1/2011: " La contestación a la demandada en modo alguno se fundamentó en la procedencia de una nueva valoración del bien expropiado. Es más, no se fundamentó siquiera en la existencia de efectivas o significativas alteraciones ni en una modificación del valor de la finca, no desplegando por lo tanto la Administración demandada actividad alegatoria ni probatoria alguna al respecto. Téngase en cuenta que tampoco se han discutido en momento alguno las bases al efecto propuestas por el actor....". En el mismo sentido, las sentencias de 7 de mayo de 2010, recurso nº 112/2010; o de 2 de julio de 2010, recurso nº 232/2010).

-Sin embargo, en sentencias posteriores de esta Sala se constató que el propio JTEF, a la hora de fijar justiprecios en procedimientos contradictorios, ya tenía constancia de la transformación experimentada en la calificación de las fincas expropiadas, que afecta a su valor, al haberse modificado el uso previsto en el planeamiento. En esos supuestos, el JTEF había efectuado la valoración de tales fincas conforme al artículo 55.2 de la LEF y ese proceder ni tan siquiera había sido discutido. Así, podemos reseñar:

- La sentencia de la sección 4ª, nº 181/2016, recurso nº 82/2014, refleja que: "el Jurado Territorial de Expropiación parte de la consideración del suelo como urbano sin urbanización consolidada, dentro de un ámbito sometido a reforma, renovación o mejora urbana, uso característico residencial". (OJO: para 369 m^2 afectados por la expropiación, se fija un justiprecio de 61.814,88 euros, descontando del fijado por el JTEF las edificaciones demolidas).

- La sentencia de la sección 4ª, nº 186/2018, de 5 de abril de 2018, recurso nº 443/2017: " En el supuesto de autos -en el que no se cuenta con valoración alternativa a la del jurado emitida por perito- debe entenderse que no se está ante el supuesto del art. 55. 1 de la LEF -como pretende el recurrente- por cuanto que el bien expropiado ha experimentado un cambio su calificación jurídica -lo que da lugar a que se proceda a una nueva valoración como ha hecho el Jurado-. Ese cambio en la calificación jurídica no ha sido cuestionado por ninguna de las partes -se trata de suelo urbano dentro de un ámbito sometido a reforma, Desarrollo A.P.R. 08.03, con uso residencial- debiendo ser valorado como residencial urbano - en concreto conforme a lo dispuesto en el art. 28 de la ley del suelo del 98-". (OJO: para una superficie expropiada de 170,44m^2, confirma el justiprecio de 55.812,28 euros).

En resumen de todo lo dicho, no podemos acoger la alegación que se formula por el letrado de la CAM para oponerse a la demanda del Ayuntamiento de Madrid. El cambio o trasformación en la calificación jurídica del suelo fue alegado en el procedimiento de fijación del justiprecio reversional; y, además, ese cambio es fruto de una modificación normativa oportunamente publicada en el BOCM, además de constar que el JTEF tenía perfecta constancia del mismo, como lo demuestra el criterio que aplicó en otros procedimientos de fijación del justiprecio reversional respecto de otras fincas incluidas en el mismo Proyecto de Expropiación del PERI 8/6 "Fuencarral-Malmea". Por ello, debemos desestimar esta oposición y estimar la demanda del Ayuntamiento de Madrid, no sin recordar que el suplico de la misma sólo pide la anulación del acto impugnado, lo que, en caso de estimación, equivale a ordenar la retroacción de actuaciones al momento de incoación del expediente contradictorio, a fin de que por el JTE se proceda a efectuar una nueva valoración del justiprecio de la reversión, con aplicación del método de valoración del artículo 55.2 de la LEF, como se dirá en la parte dispositiva».

Casuística derivada del derecho de reversión de los bienes y derechos expropiados

Derecho de reversión sobre parcela expropiada para la configuración de un polígono industrial

Sentencia del Tribunal Supremo, rec. 7441/2005, de 7 de julio de 2009, ECLI:ES:TS:2009:4522

a. Antecedentes de hecho

En fecha de 21 de octubre de 2005, la Sala de lo Contencioso-administrativo del Tribunal Superior de Justicia de Galicia dicta sentencia en virtud de la cual se estima el recurso contencioso-administrativo interpuesto por la representación legal del interesado, y se acuerda el derecho de reversión solicitado sobre una parcela de las expropiadas para la configuración de un polígono industrial situado en la ciudad herculina denominado *«de la Grela-Bens»*, declarando como probados los siguientes hechos:

- En el año 1964 se expropia una finca calificada como urbana situada en el término municipal de A Coruña con el fin de dedicarla a un uso industrial.
- La citada finca pertenecía a dos hermanos en régimen de copropiedad.
- En fecha de 14 de noviembre de 1998, se revisó el Plan General de Ordenación Urbano de la referida ciudad mediante el cual casi un 78,54 % de la finca en su momento expropiada se dedicará a un uso residencial.
- En fecha de 17 de febrero de 1999, uno de los hermanos insta la reversión del terreno expropiado.
- En fecha de 22 de diciembre de 1999, el hermano solicitante de reversión, solicita certificado de acto presunto con motivo del silencio de la Administración ante su requerimiento.
- Posteriormente, la misma parte interesada presenta recurso de alzada, siendo este desestimado de manera tácita.
- Por último, el recurrente acude a la vía jurisdiccional demandando, entre otros, a la Administración del Estado, al Ayuntamiento de A Coruña y a dos mercantiles.

Por su parte, la representación legal de la mercantil interesada presenta recurso de casación contra la anterior sentencia.

b. Fundamentos de derecho

La parte recurrente alega, entre otros motivos de casación, la vulneración del artículo 54 de la LEF y su jurisprudencia relacionada por estimar que «no se ha alterado la causa *expropiandi*».

Sin embargo, la juzgadora de casación no aprecia la antedicha infracción ni la de su jurisprudencia razonando que el antedicho precepto:

> «(...) dispone que **hay derecho a la reversión, aparte de cuando no se ejecuta la obra o no se establece el servicio que legitimaron la expropiación, cuando desaparece sobrevenidamente la finalidad perseguida con la expropiación. Esto es exactamente lo que ha ocurrido en el presente caso, ya que la finca fue expropiada para ser destinada a un uso industrial, mientras que ahora se le atribuye un uso residencial.** Esto es una finalidad distinta, sin que la circunstancia de tratarse siempre de determinaciones urbanísticas pueda alterar esa conclusión: si se expropió para instalar industrias y ahora se prevé edificar viviendas, es innegable que ha habido una desaparición sobrevenida de la causa expropiandi. A ello hay que añadir que se han respetado los requisitos de procedimiento establecidos por el art. 54 LEF, de manera que no puede decirse que haya sido conculcado».

c. Fallo

En consecuencia, la Sala de lo Contencioso-administrativo del Tribunal Supremo declara que no ha lugar al recurso de casación presentado por la representación legal de la mercantil contra la referida sentencia del TSJ de Galicia de 21 de octubre de 2005.

Sentencia del Tribunal Superior de Justicia de la Comunidad Valenciana n.° 1341/2007, de 7 de septiembre, ECLI:ES:TSJCV:2007:5190

a. Antecedentes de hecho

El 22 de abril de 2004, la Conselleria de Territorio y Vivienda desestima presuntamente una solicitud de reversión de terrenos expropiados para la ejecución de un polígono en los términos municipales de Burjassot y Paterna. Ante este hecho, se interpone recurso y se emplaza a los demandantes para que formalicen la demanda, lo que se verificó mediante escrito solicitando que se dictase sentencia en la que se reconociese el derecho de los recurrentes a la reversión de la finca n.° «000» del polígono, antes finca registral n.° «001», con la expresa condena en costas a la Administración demandada.

La Administración contesta a la demanda mediante escrito mediante el cual solicita la desestimación de la misma, con todos los pronunciamientos favorables a dicha Administración.

Han de tenerse en cuenta los siguientes hechos:

- En diciembre de 1961, el Ministerio de Vivienda aprueba la delimitación del Polígono «X», en los términos municipales de Burjassot y Paterna, con la consiguiente expropiación de los terrenos incluidos en el mismo con la finalidad de obtener suelo urbano para la construcción de viviendas.

- De la parcela propiedad de «X» y de «Z» en mitades indivisas, toma posesión el Instituto Nacional de la Vivienda para destinarla a los fines de la expropiación.
- El 18 de febrero de 1974 se aprueba el Plan Parcial de Ordenación del Polígono, con modificación de mayo de 1979, redactándose el consiguiente Proyecto de Urbanización en 1974.
- Se acomete la redacción de del PERI «Mas del Rosari», por tratarse de un ámbito urbanizado y parcialmente edificado y habitado, aprobado definitivamente el 11 de noviembre de 1993.
- Una parte de la mencionada parcela se aporta, mediante acuerdo del Consell de 25 de octubre de 1996, al capital social del Instituto Valenciano de Vivienda S.A., con el fin de darle el destino público para el que se había expropiado.
- En 1997 se acomete la reforma del PERI «Mas del Rosari» con la finalidad de reducir costes de urbanización y adecuar la tipología de vivienda para que resultase apta para la promoción de viviendas protegidas, cuyo proyecto, junto con el de homologación modificativa, fue aprobado definitivamente por la Comisión Territorial de Urbanismo de Valencia el 27 de julio de 2001.
- El 31 de julio de 2001 se somete a información pública el Programa para el desarrollo de la Actuación Integrada «Mas del Rosari» de Paterna, siendo definitivamente aprobado en fecha de 19 de febrero de 2002, adjudicándose al Instituto Valenciano de la Vivienda S.A., como empresa pública de la Generalidad Valenciana, la condición de agente urbanizador.
- El 4 de noviembre de 2003 se aprobó definitivamente el Proyecto de Reparcelación Forzosa de la UE única del PERI «Mas del Rosari».
- Los recurrentes, en condición de causahabientes de «X» y «Z» solicitan el 25 de octubro de 1999 la reversión de la mencionada parcela por no haberse realizado la obra que motivó la expropiación de la misma. Esta pretensión fue desestimada por la Conselleria al entender que los interesados no habían cumplimentado el trámite de advertencia del propósito de ejercitar la reversión que se prevé en el art. 64.2 del REF (Reglamento de la Ley de Expropiación Forzosa).
- El 22 de abril de 2004 los citados recurrentes reiteran su solicitud de reversión considerando el anterior escrito de 25 de octubre de 1999 como advertencia del propósito de ejercitar la misma.

b. Fundamentos de derecho

Los actores alegan que procede la reversión de terrenos porque han transcurrido más de 38 años que sobre la parcela expropiada se hayan ejecutado las obras de construcción de viviendas de protección oficial (obras que motivaron la expropiación). Además alegan que se ha producido una alteración sustancial de los fines que motivaron la expropiación, lo cual determina la procedencia de la reversión al amparo del art. 54 de la Ley de Expropiación Forzosa.

Reza la sentencia señalando que:

> «Tratándose de una expropiación urbanística en la que se ejercita un derecho de reversión, no sólo ha de tenerse presente la regulación contenida en los arts. 54 de la Ley de Expropiación Forzosa y 63 y siguientes del Reglamento, sino también las normas urbanísticas de la Ley del Suelo de 1956 y el posterior art. 67 párrafo segundo de la Ley sobre Régimen del Suelo y Ordenación Urbana, Texto Refundido de 1976, que establece la reversión cuando se pretende modificar la afectación de los terrenos al fin específico que constase en el Plan correspondiente o agotase la vigencia de dicho Plan sin haber cumplido el destino a que los bienes se afectaron. Esta doctrina es aplicable al art. 225 del Texto refundido de la Ley sobre el Régimen del Suelo y Ordenación Urbana de 1992 ." —ahora art. 40 de la L. 6/98 —.
>
> Y continúa señalando que "la determinación de si se ha producido o no la inejecución determinante de la reversión no puede efectuarse desde la perspectiva de la finca aislada, sino contemplada dentro de las tareas de ejecución llevadas a cabo en el Polígono o Unidad de actuación».

Estima la sala que «en el supuesto examinado la parte recurrente en casación no niega que la aprobación del polígono llevó consigo una afectación genérica que se concretó después mediante la aprobación del Plan Parcial. Se limita a poner de manifiesto que en los terrenos de las recurrentes no ha existido urbanización alguna». Es por ello por lo que el Supremo considera que:

> «Esta circunstancia, con arreglo a la profusa jurisprudencia citada, es insuficiente para generar el derecho de reversión. Las recurrentes prescinden del carácter global de la causa expropiandi (fin para el que se acuerda la expropiación) respecto del polígono en su conjunto. En ningún momento aducen, en apoyo de la infracción que dicen cometida por la Sala de instancia al no reconocer el derecho de reversión, la desafectación del polígono en su conjunto respecto de la causa expropiandi determinada por su aprobación. Tampoco afirman la afectación de las fincas de su propiedad a un uso incompatible con la causa expropiandi fijada en el momento de delimitar el polígono urbanístico contemplado como un conjunto en el que caben y son precisas asignaciones de distinta naturaleza dentro de la finalidad urbanística general perseguida. No demuestran, finalmente, que se haya frustrado la ejecución del Plan en su conjunto y no respecto de las fincas de su propiedad aisladamente consideradas, como pretenden
>
> (...)
>
> Esta Sala en reiteradas sentencias, por todas citaremos la de 28 de octubre de 2.005, en recurso de casación 3863/2002 recogiendo anteriores pronunciamientos de la misma, ha dicho: "Esta Sala tiene ya reiteradamente declarado que, en presencia de una unidad de actuación urbanística, ante la ordenación y urbanización de todo un sector el derecho de reversión de los propietarios afectados ha de ser considerado en relación con el programa establecido y los fines en él previstos; no puede ser contemplado de manera aislada y, tratándose de una expropiación urbanística en la que se ejercita un derecho de reversión, no sólo ha de tenerse presente la regulación contenida en los artículos 54 de la Ley de Expropiación Forzosa y 63

y siguientes del Reglamento (y, sino también las normas urbanísticas de la Ley del Suelo de 1956 y el posterior artículo 67 párrafo segundo de la Ley sobre Régimen del Suelo y Ordenación Urbana, Texto Refundido de 1976 (y que establece la reversión cuando se pretende modificar la afectación de los terrenos al fin específico que constase en el Plan correspondiente o agotase la vigencia de dicho Plan sin haber cumplido el destino a que los bienes se afectaron); pero la determinación de si se ha producido o no la inejecución determinante de la reversión no puede efectuarse desde la perspectiva de la finca aislada, sino contemplada dentro de las tareas de ejecución llevadas a cabo en el Polígono o Unidad de actuación».

c. Fallo

En consecuencia, el Tribunal Supremo desestima el recurso y concluye que no procede el derecho de revisión solicitado, en relación a la parcela mencionada y no hace expresa imposición de las costas procesales.

Fincas afectadas a causa de utilidad pública por la construcción de un campus universitario

Sentencia del Tribunal Supremo, rec. 3533/2009, de 26 de junio de 2012, ECLI:ES:TS:2012:4595

a. Antecedentes de hecho

En fecha de 15 de abril de 2009, la Sala de lo Contencioso-administrativo del Tribunal Superior de Justicia de Navarra emite sentencia mediante la que se desestima el recurso contencioso-administrativo interpuesto por los interesados contra el Acuerdo de Gobierno de Navarra, de 5 de noviembre de 2007, desestimatorio de los recursos de alzada presentados contra dos resoluciones del director general de Asuntos Europeos y Planificación.

Posteriormente, la representación legal de los interesados interpone recurso de casación contra la antedicha sentencia.

b. Fundamentos de derecho

La parte recurrente alega como motivo de casación, entre otros, la vulneración de los establecido en los artículos 54 y 55 de la LEF.

No obstante, nuestro más alto tribunal expone en su cuarto fundamento de derecho que:

> «(...) **las fincas cuya reversión se solicita nunca han dejado de estar potencialmente afectadas a la causa de utilidad pública que originó la expropiación, sin que conste que hayan sido utilizadas para ninguna finalidad ajena a la misma. Ello supone, como atinadamente dice la sentencia impugnada, que no ha habido utilización fraudulenta del instituto expropiatorio.** Debe tenerse en cuenta, además, la complejidad del proyecto —construir todo un campus universitario— y el comportamiento incuestionablemente leal de la Administración expropiante. En efecto, tal como reconocen expresamente los recurrentes, cuando el Gobierno de

Navarra comprobó que la superficie inicialmente prevista era excesiva para las necesidades del proyecto, modificó este y acordó la reversión de algunas de las fincas expropiadas. Esto quiere decir que aquellas otras que continúan incluidas dentro del proyecto están efectivamente afectadas a la ejecución del mismo; es decir, el proyecto que legitima la expropiación ha sido revisado precisamente a fin de prescindir de todo el terreno que no fuera estrictamente necesario para su ejecución. Pues bien, tomando en consideración la concurrencia de todas estas circunstancias, es razonable concluir, como hace la sentencia impugnada, que **no ha habido falta de ejecución de la obra ni se está en presencia de sobrantes, de donde se sigue que no se cumple el supuesto de hecho de la reversión**».

c. Fallo

Por consiguiente, la Sala de lo Contencioso-administrativo del Tribunal Supremo declara que no ha lugar al recurso de casación presentado por la representación legal de los interesados contra la sentencia de referencia del TSJ de Navarra, de 15 de abril de 2009.

Sentencia del Tribunal Supremo, rec. 4008/2010, de 27 de mayo de 2013, ECLI:ES:TS:2013:2674

a. Antecedentes de hecho

El Tribunal Superior de Justicia de la Comunidad Valenciana dictó sentencia donde denegaba el derecho de revisión expropiatoria y actualización del justiprecio de una parcela. Es recurrida en casación, suplicando que se tuviera por interpuesto el recurso de casación y se acordase estimar dicho recurso, casando o revocando la sentencia anterior y dictando una nueva en su lugar que declarase la procedencia de, al menos, la restitución mutua de prestaciones en relación a la parte «no cedida a la Universidad» de la parcela. Son relevantes los siguientes hechos:

- En el año 1961 fueron expropiadas por Orden del Ministerio de Vivienda, las parcelas con la finalidad de ejecutar el Polígono Ademuz para la creación de suelo urbano, su urbanización, dotación de servicios y construcción de viviendas de protección oficial, como sistema de ejecución del planeamiento urbanístico.
- Por Decreto 1720/1984 y 1456/1987 se acordó el traspaso a la Comunidad Valenciana de los servicios, medios materiales y personales, control de calidad de edificación y vivienda, viales, zonas verdes, redes de servicios y posteriormente once parcelas del Polígono.
- Por Acuerdo del Consell del Gobierno Valenciano de 1995 se cede a la Universidad de Valencia 50 parcelas para la implantación del Campus científico.
- Por Decreto del Consell 51/2002 la Generalitat ratifica el acuerdo y cede a la Universidad de Valencia los terrenos sitos en el Polígono para la implantación del Campus.

- En el ámbito de dicho Polígono se han aprobado diversos instrumentos urbanísticos, en los que se contempla como prioritario el uso residencial, como son:
  - La aprobación del Plan Parcial del Polígono en 1974 y su proyecto de urbanización, con modificación en 1979;
  - Tras la aprobación del PGOU de Paterna en el año 2001, el Plan Especial de Reserva de Terrenos para la Universidad de Valencia y Televisión Valenciana, estando clasificado el suelo de las instalaciones de la Universidad de Valencia, según el PGOU aprobado en 1990, como sistema general educativo universitario EU-G;
  - En el año 2006 fue aprobado el Plan Especial de Ordenación de Usos del suelo dotacional del Área del Campus de Paterna de la Universidad de Valencia, con la existencia de infraestructuras de todo tipo.
  - En el ámbito del Polígono se han llevado a cabo obras de urbanización, construcción de edificios, equipamientos, centros escolares e instalaciones deportivas.

b. Fundamentos de derecho

Para el Tribunal Supremo:

> «El Artículo 54 de la Ley de expropiación Forzosa establece
>
> 1. En el caso de no ejecutarse la obra o no establecerse el servicio que motivó la expropiación, así como si hubiera alguna parte sobrante de los bienes expropiados, o desapareciese la afectación, el primitivo dueño o sus causahabientes podrán recobrar la totalidad o la parte sobrante de lo expropiado, mediante el abono a quien fuera su titular de la indemnización que se determina en el artículo siguiente.
>
> 2. No habrá derecho de reversión, sin embargo, en los casos siguientes:
>
> a. Cuando simultáneamente a la desafectación del fin que justificó la expropiación se acuerde justificadamente una nueva afectación a otro fin que haya sido declarado de utilidad pública o interés social. En este supuesto la Administración dará publicidad a la sustitución, pudiendo el primitivo dueño o sus causahabientes alegar cuanto estimen oportuno en defensa de su derecho a la reversión, si consideran que no concurren los requisitos exigidos por la ley, así como solicitar la actualización del justiprecio si no se hubiera ejecutado la obra o establecido el servicio inicialmente previsto.
>
> b. Cuando la afectación al fin que justificó la expropiación o a otro declarado de utilidad pública o interés social se prolongue durante diez años desde la terminación de la obra o el establecimiento del servicio.
>
> 3. Cuando de acuerdo con lo establecido en los apartados anteriores de este artículo proceda la reversión, el plazo para que el dueño primitivo o sus causahabientes puedan solicitarla será el de tres meses, a contar desde la fecha en que la Administración hubiera notificado el exceso de expropiación, la desafectación del bien o derecho expropiados o su propósito de no ejecutar la obra o de no implantar el servicio.

Encontrándonos ante una expropiación urbanística y atendiendo a la causa de excepción prevista en la Ley del Suelo, y teniendo en cuenta que la norma de aplicación no exige la ejecución de las obras, sino que el nuevo uso asignado estuviera adecuadamente justificado y fuera igualmente dotacional público, por tratarse como se deduce de lo anteriormente expuesto ante un expropiación urbanística, que se rige por la Ley del Suelo y en particular por lo dispuesto en el articulo 40. 2 en cuanto a los supuestos de excepción de las causas de reversión, hay que concluir que estando destinados los terrenos expropiados cuya reversión se pretende a Campus científico, el nuevo fin al que se destinan los terrenos es dotacional y de interés publico o social y por tanto no procede la reversión.

De otro lado en las expropiaciones urbanísticas, siendo la finalidad de estas, la ejecución de obras de urbanización en el conjunto del Polígono, el nacimiento del derecho de reversión, no se puede vincular a la modificación del destino concreto de una parcela, sino a la actuación urbanística en su conjunto y así lo han expresado el Tribunal Supremo en numerosas sentencias».

Concluye el Alto Tribunal señalando que:

«Y en el presente caso, la expropiación de terrenos el Polígono Ademuz cumplió la finalidad urbanística para la cual se llevó a cabo la expropiación, llevándose a cabo la construcción de viviendas, equipamientos e infraestructuras con pavimentación, alcantarillado, distribución de aguas y energía, red viaria, etc, sin que el destino concreto de las parcelas sobre las cuales se pretende el derecho de reversión- la construcción de viviendas de protección oficial- pueda desvincularse de la finalidad urbanística genérica, la creación de suelo urbano y por ello desde la perspectiva del conjunto de la ejecución del Polígono de Ademuz, es obvio que se ha alcanzado la finalidad urbanística conjunta y por ello tampoco procede el derecho de reversión.

Se cumplen pues de acuerdo con lo expuesto tanto que el nuevo uso asignado está adecuadamente justificado y es igualmente dotacional público como que se ha acordado, respecto de las parcelas concretas que se expropiaron para construcción de vivienda de protección oficial, sobre las cuales los recurrentes pretenden el derecho de reversión justificadamente una nueva afectación a otro fin de utilidad pública o interés social, en concreto la Facultad de Ingeniería e igualmente se cumple en aplicación de la doctrina jurisprudencial transcrita el cumplimiento de la finalidad urbanística genérica de la ejecución del Polígono de Ademuz, la creación de suelo Urbano, y la ejecución de las infraestructuras, servicios y dotaciones correspondientes.

Por último respecto a la pretensión de forma subsidiaria, de que se proceda al calculo de la indemnización correspondiente que no es la actualización del Justiprecio, sino si se llegare, a producir la ocupación de bienes, la indemnización por falta de reversión in natura, todo ello en tramite de ejecución de Sentencia, solo puede reseñarse igualmente a la desestimación que resulta de la desestimación de la pretensión principal ejercitada por los recurrentes: el derecho de reversión'.

(...)

Tampoco puede admitirse lo que se denomina en el escrito de conclusiones impugnación indirecta en la demanda del Decreto 51/2002 publicado en el DOGV el 4.4.02 por el que el Gobierno Valenciano cede a la Universidad terrenos para la implantación de un campus científico, que no se formuló, ni en el escrito de interposición del recurso, ni en la demanda ni se formula en las pretensiones ejercitadas la nulidad de este Decreto.

Y por último hay que considerar de acuerdo con la doctrina del Tribunal Supremo que, en presencia de una unidad de actuación urbanística, ante la ordenación y urbanización de todo un sector el derecho de reversión de los propietarios afectados ha de ser considerado en relación con el programa establecido y los fines en él previstos; no puede ser contemplado de manera aislada y la determinación de si se ha producido o no la inejecución determinante de la reversión no puede efectuarse desde la perspectiva de la finca aislada, sino contemplada dentro de las tareas de ejecución llevadas a cabo en el Polígono o Unidad de actuación y en este sentido, aun cuando en parte de la parcela originariamente expropiada (la parte no cedida a la Universidad) no se haya realizado ninguna actuación, se encuentre libre de edificación y en el presente caso, la expropiación de terrenos del Polígono Ademuz cumplió la finalidad urbanística para la cual se llevó a cabo la expropiación, la creación de suelo Urbano, y la ejecución de las infraestructuras, servicios y dotaciones correspondientes y la parcela tanto en la parte propiedad de la Universidad como en la restante no siga siendo dotacional público, lo que conlleva, que no se ha producido una alteración de la causa expropiandi».

c. Fallo

El Tribunal Supremo sentencia que no ha lugar el recurso de casación interpuesto contra la sentencia de 24 de mayo de 2010 y condena en costas a la parte recurrente.

Derecho de reversión de los terrenos expropiados para la configuración de un Plan General de Ordenación Municipal

Sentencia del Tribunal Supremo n.º 417/2018, de 24 de septiembre, ECLI:ES:TS:2018:3279

a. Antecedentes de hecho

En fecha de 18 de mayo de 2016, la Sala de lo Contencioso-administrativo del Tribunal Superior de Justicia de Galicia dicta sentencia en virtud de la cual se desestima el recurso contencioso-administrativo presentado contra la resolución de la Consejería de Medio Ambiente, Territorio e Infraestructuras emitida en alzada contra otra, de 24 de mayo de 2011, en relación a la reversión de los terrenos situados en el Sector 10 del Plan General de Ordenación Municipal de A Coruña (Parque Ofimático).

Con posterioridad, la representación legal de los interesados interpone recurso de casación contra la anterior resolución.

b. Fundamentos de derecho

La parte recurrente solicita la casación de la sentencia de referencia, y que se emita otra, para lo cual alega lo siguiente:

> «Se interpone este recurso de casación para la unificación de doctrina alegando contradicción con la sentencia de este Tribunal Supremo de 28 de marzo de 1979, señalando como identidades: que los demandantes son titulares de un derecho de reversión sobre determinadas parcelas que en su día fueron objeto de expropiación, que la finca o parte de la finca o fincas de los demandantes en ambos litigios sufrió una segunda expropiación para la construcción de determinados viales, existiendo identidad de situación en cuanto a las partes, pues en ambos casos es el particular el que solicita la imposibilidad de subrogación real de la parcela objeto de reversión con la parcela resultante y, en cuanto a las pretensiones, en ambas sentencias **el particular pretende que se declare la imposibilidad física de la reversión al resultar la finca original afectada por una segunda expropiación para viales, existiendo contradicción en los pronunciamientos, por cuanto en la recurrida se deniega la indemnización sustitutoria, sin entrar a valorar la segunda expropiación, y en la de contraste se confirma la imposibilidad física de reversión del terreno expropiado con la obligación de abonar una indemnización equivalente al justiprecio actual**. Entiende que se vulnera el art. 66.2 del Reglamento de Expropiación Forzosa y el art. 121 de la LEF, argumentando con arreglo a diversas sentencias de este Tribunal Supremo en relación con la determinación de la indemnización».

Por el contrario, la sala de casación entiende que la argumentación jurídica expuesta por la recurrente es improcedente, puesto que:

> «En este caso y aun cuando la parte trata de justificar la identidad de hechos, fundamentos y pretensiones de la sentencia recurrida y la de contraste, con referencias a aspectos genéricos como son la titularidad de un derecho de reversión sobre determinadas parcelas expropiadas, que la finca o parte de la finca o fincas de los demandantes en ambos litigios sufrió una segunda expropiación para la construcción de determinados viales, o que en ambos casos es el particular el que solicita la imposibilidad de subrogación real de la parcela objeto de reversión con la parcela resultante y pretende que se declare la imposibilidad física de la reversión al resultar la finca original afectada por una segunda expropiación para viales, **lo cierto es que no puede hablarse de identidad en los términos exigidos por la legislación, pues se trata de expropiaciones producidas en distintos lugares, la de contraste en Madrid, en situaciones o por causas muy distintas, tanto de la expropiación como de la reversión, las razones de la inejecución de la obra o establecimiento del servicio, los interesados afectados en cada caso, los términos en que se planteó la controversia en ambos litigios y, en fin, la fundamentación de ambas sentencias, todo lo cual es sustancial a la hora de resolver sobre la procedencia de una reversión y más aún si además se cuestiona la posibilidad de reversión in natura, que depende directamente de las particulares situaciones fácticas de cada caso, como se desprende de la simple referencia al planteamiento del litigio en la sentencia recurrida**».

c. Fallo

Así pues, la Sala de lo Contencioso-administrativo del Tribunal Supremo dispone que no ha lugar al recurso de casación presentado por la representación legal de los interesados contra la referida sentencia del TSJ de Galicia.

Ejecución progresiva de la obra para la creación de una zona de regadío

Sentencia del Tribunal Supremo n.º 489/2018, de 21 de marzo, ECLI:ES:TS:2018:1104

a. Antecedentes de hecho

En fecha de 5 de julio de 2016, la Sala de lo Contencioso-administrativo del Tribunal Superior de Justicia de Andalucía dicta sentencia en virtud de la cual se desestima el recurso contencioso-administrativo presentado contra la resolución de la Consejería de Agricultura, Pesca y Medio Ambiente de la Junta de Andalucía, de 8 de agosto de 2013, desestimatoria de la reversión de una finca de «zona regable Genil-Cabra», en base a los siguientes hechos:

- La recurrente era propietaria de una finca situada en Santaella (Córdoba), incluida en la «zona regable de Genil Cabra» expropiada en el 1980 por el Instituto para la Reforma y Desarrollo Agrario a través del Decreto, de 29 de enero, mediante el cual se proclama de interés nacional la transformación en regadío de la antedicha zona.
- Se aprueba el Plan General de transformación de la «zona regable Genil-Cabra» mediante Decreto núm. 3100/1975, de 31 de octubre
- En fecha 26 de febrero de 1969, se aprueba el Proyecto de Calificación de tierras en el que se incorporan los terrenos objeto de recurso.
- En fecha 2 de octubre de 1980, el IRYDA notifica el acuerdo de expropiación de 12 de septiembre de 1980 a través del cual se iniciaban los expedientes de expropiación forzosa de 33,0825 hectáreas, entre las que se encontraban las parcelas de referencia.
- En fecha de 16 de junio de 1987 es aprobado «el plan coordinado de obras, segunda fase, de la zona regable Genil-Cabra».
- En fecha de 7 de junio de 2012, la demandante presenta escrito de solicitud de reversión de las parcelas expropiadas de referencia «que no hubieran sido puestas en riego por no haberse cumplido la finalidad de la expropiación» ante la Consejería de Agricultura y Pesca de la Junta de Andalucía.
- En fecha de 8 de agosto de 2013, la Consejería de Agricultura y Pesca de la Junta de Andalucía emite resolución en virtud de la cual se desestima la antedicha solicitud de reversión.

Posteriormente, la representación legal de la interesada interpone recurso de casación contra la anterior resolución.

b. Fundamentos de derecho

La parte recurrente alega, entre otros motivos de casación, la vulneración del artículo 54 de la LEF.

Pese a lo anterior, la juzgadora de casación dispone en el fundamento de derecho de la sentencia que nos ocupa que:

> «La recurrente pretende equiparar a este supuesto el retraso o la falta de ejecución de las obras de puesta en riego en una parte de las previstas, respecto de las concretas parcelas que en su día le fueron expropiadas, entendiendo que esa situación equivale a un incumplimiento de la causa expropiandi, como ha señalado esta Sala en los casos resueltos por las sentencias que cita, sin embargo, ese planteamiento no puede prosperar, pues, aparte de que el **art. 54 LEF no prevé el supuesto de reversión por inejecución parcial, en todos esos casos citados, la inactividad de la Administración en cuanto a la realización de la causa expropiandi, bien porque la actuación de la Administración no se llevó a cabo sobre la verdadera razón de la expropiación (puesta en riego), bien porque la actividad de ejecución de la obra no se inició o, en su caso, porque iniciada no continuó hasta su terminación, la Sala apreció la existencia de un abandono e inejecución de la obra o establecimiento del servicio que motivó la expropiación, circunstancia que no ha sucedido en este caso en el que, como indica la representación de la Junta de Andalucía, la Sala de instancia, valorado las pruebas de las que dispuso al efecto, entendió que no se produjo un abandono de la ejecución de la obra y que no estamos ante un incumplimiento sino ante una ejecución progresiva de la obra**, apreciación fáctica que ha de mantenerse y cuya consecuencia jurídica correcta es la declaración del Tribunal a quo sobre la falta de concurrencia del supuesto de reversión invocado».

c. Fallo

En suma, la Sala de lo Contencioso-administrativo del Tribunal Supremo declara no haber lugar al recurso de casación presentado contra la sentencia del TSJ de Andalucía, de 5 de julio de 2016.

> **A TENER EN CUENTA.** Las resoluciones judiciales analizadas a lo largo del presente punto podrían contener referencias realizadas a legislación actualmente derogada.

5. RESPONSABILIDAD POR DEMORA

5.1. Intereses

Interés de demora (artículo 56 y 57 de la LEF)

EL artículo 56 de la Ley de Expropiación Forzosa establece que cuando hayan pasado seis meses desde la iniciación legal del expediente expropiatorio sin haberse fijado por resolución definitiva el justiprecio de las cosas o derechos, la Administración expropiante culpable de la demora tendrá que **abonar al expropiado una indemnización** consistente en el **interés legal del justo precio** hasta el momento en que se haya determinado que se liquidará con efectos retroactivos, una vez que el justiprecio haya sido realizado.

Por otra parte, el artículo 57 de la LEF estipula que la cantidad que se determine de manera definitiva como justo precio devengará el interés legal correspondiente a favor del expropiado, hasta que se proceda a su pago y desde el momento en que hayan transcurrido los seis meses referidos en el artículo 48 de la LEF.

En cuanto al cómputo de plazos para el cálculo de los intereses de demora, el Tribunal Supremo ha declarado, en síntesis, en la **sentencia, rec. 4211/2008, de 23 de enero de 2012, ECLI:ES:TS:2012:212**, lo siguiente:

|| Dies a quo en el caso de las expropiaciones ordinarias

«En las expropiaciones ordinarias, **el dies a quo para calcular los intereses por demora en la fijación del justiprecio es aquél en el que hayan transcurridos seis meses desde el inicio del expediente expropiatorio, esto es, desde la firmeza del acuerdo sobre necesidad de la ocupación**, según se infiere de la lectura coordinada de los artículos 21, apartado 1, 22 y 56 de la Ley de Expropiación Forzosa, en relación con el 71, apartado 1, de su Reglamento. (...) El dies ad quem se sitúa aquél en que el justiprecio quede definitivamente fijado en la vía administrativa, bien en una primera decisión, bien en la resolutoria del recurso de reposición si se interpuso. Si la cuantía del justiprecio se modificase en la vía jurisdiccional mediante un pronunciamiento firme, los intereses se devengan sobre el montante señalado por los jueces (artículo 73, apartado 2, del Reglamento de la Ley de Expropiación Forzosa)».

Liquidación de intereses en las expropiaciones ordinarias

«Los intereses por demora en el pago del justiprecio, en esas expropiaciones ordinarias, **se liquidan una vez transcurridos seis meses desde la fijación del justiprecio en vía administrativa** (artículos 48, apartado 1, y 57 de la Ley de Expropiación Forzosa), concluyendo el cómputo el día en el que efectivamente se satisfaga su importe por la Administración o por el beneficiario, o en el que se deposite o consigne válidamente, cuando fuese procedente. El cómputo de los seis meses se practica de igual manera, debiéndose también tener en cuenta la eventual modificación de la cuantía del justiprecio en la vía contencioso-administrativa».

Dies a quo en las expropiaciones diligenciadas por el procedimiento de urgencia

«**En las expropiaciones tramitadas por el procedimiento de urgencia, el dies a quo para calcular los intereses por retraso en la fijación del justiprecio es el siguiente a aquél en el que se ocupen los bienes o los derechos expropiados** (artículo 52, regla 8.ª, de la Ley de Expropiación Forzosa), salvo que tenga lugar después de transcurridos seis meses desde la declaración de urgencia, pues al entenderse cumplido con ella el trámite de declaración de necesidad de la ocupación (artículo 52, regla 1.ª, de la misma Ley), tal día es el siguiente a aquel en el que se cumplan seis meses desde la referida declaración de urgencia, a menos que esta última no contenga la relación de bienes o derechos a expropiar. Estos intereses se liquidan hasta que el justiprecio fijado definitivamente en la vía administrativa se pague, deposite o consigne eficazmente. En estos casos, no existe, pues, solución de continuidad entre ambos tipos de intereses, los del artículo 56 (por demora en la fijación) y los del artículo 57 (por demora en el pago) de la Ley de Expropiación Forzosa, debido a la disposición de los bienes o derechos por el beneficiario sin previo pago. Este criterio se aplica también a aquellas expropiaciones que, no habiendo sido declaradas formalmente urgentes, materialmente son tales por haberse ocupado los bienes antes de su valoración y del pago del justiprecio».

CUESTIONES

1. ¿Qué dispone el artículo 48 de la LEF?

Después de que se haya determinado el justiprecio se procederá al pago de la cantidad resultante en un plazo máximo de seis meses.

Dicho pago se realizará a través de:

- Talón nominativo al expropiado.
- Transferencia bancaria (si el expropiado ha declarado su deseo de percibir el pago a través de este medio).

2. ¿Es posible el devengo de intereses sobre intereses?

Sobre el anatocismo, es decir, el «devengo de intereses sobre intereses» la Sala de lo Contencioso- administrativo del Tribunal Supremo viene estableciendo desde su **sentencia de 13 de febrero de 1960, ECLI:ES:TS:1960:1855**, «que no es lícito reclamar intereses de intereses». **STS, rec. 4681/2008, de 21 de diciembre de 2011, ECLI:ES:TS:2011:9060**.

A sensu contrario, podemos mencionar la **sentencia del Tribunal Supremo, rec. 896/1992, de 11 de marzo de 1997, ECLI:ES:TS:1997:1763**.

3. ¿Cuándo se entenderá iniciada la situación de mora?

La situación de mora se estimará iniciada después de transcurrir seis meses computados desde la fecha de la firmeza del acuerdo de necesidad de ocupación.

Por el contrario, no habrá mora cuando:

- El beneficiario o el expropiado hayan recurrido contra el acuerdo del jurado provincial de expropiación fijando el justo precio.
- El acuerdo del Jurado Provincial de Expropiación fuera dictado antes del transcurso de seis meses a que se refiere el apartado primero del artículo 71 del REF.

4. ¿A quién se imputará la responsabilidad por demora?

Según el apartado primero del artículo 72 del REF, la responsabilidad por demora se imputará al causante de la misma.

Ahora bien, si el retraso es imputable a la Administración expropiante o al propio jurado de expropiación, la responsabilidad exigible:

- Quedará comprendida en el apartado primero del artículo 121 de la LEF.
- Se hará efectiva de acuerdo con el procedimiento regulado en el REF para tal caso.

Para concluir, no habrá lugar al pago de intereses de demora si la misma fuere imputable al propio expropiado (artículo 72 del REF).

5. ¿Cuándo se entenderá definitivamente fijado el justo precio?

A efectos del artículo 57 de la LEF, se estimará definitivamente determinado el justiprecio cuando lo haya sido en vía administrativa.

No obstante, si la determinación del justiprecio se hubiera impugnado, los intereses se devengarán sobre la cantidad fijada en la sentencia firme, liquidándose con efectos retroactivos desde la fecha legal de iniciación de la mora, de acuerdo con lo establecido en el artículo 71 del REF, hasta la fijación definitiva del justiprecio en vía administrativa (artículo 73 del REF).

JURISPRUDENCIA

Sentencia del Tribunal Supremo n.º 511/2022, de 3 de mayo, ECLI:ES:TS:2022:1753

«"Y respecto de los intereses ex artículos 56 y 57LEF, como el Tribunal Supremo viene determinando de forma constante, constituyen el objeto de una obligación de pago accesoria al abono del justiprecio, réditos indemnizatorios los cuales se derivan directamente de la Ley, concretamente de los citados artículos de la Ley de Expropiación Forzosa, permitiendo a los interesados su reclamación inmediata en sede contencioso-administrativa, en los pleitos en los que se examina la procedencia y/o importe del justiprecio, y ello aunque no se hubiese formulado petición alguna en

sede administrativa, rechazando la existencia de desviación procesal (Sentencias de 8 de abril de 2011, 31 de octubre de 2012, 18 de febrero de 2016).

'El cálculo del importe de estos intereses que tratan de indemnizar los perjuicios ocasionados por el retraso incurrido por la Administración en la determinación y pago del precio justo, con independencia del momento en el cual se devenguen (artículos 56 y 57LEF), depende de la fijación definitiva del importe del justiprecio, cuantía que servirá de base para su liquidación'.

'En el momento que se haya señalado este justiprecio, podrán calcularse los intereses moratorios, se trata de realizar meras operaciones aritméticas, partiendo de las bases legales y jurisprudenciales establecidas acerca de cuáles son sus parámetros temporales'.

'En cuanto a los intereses generados por el retraso en el pago del justiprecio (con independencia de los que, en su caso, se deriven por la tardanza en su fijación), se devengan una vez transcurridos 6 meses desde que se fije definitivamente el justo precio (artículos 48 y 57 de la Ley de Expropiación Forzosa). Hasta entonces, la Administración se encuentra dentro del plazo legal para abonar el importe señalado, bien de mutuo acuerdo bien por el órgano administrativo competente, sin incurrir en mora'.

(...)

'La obligación de pago de la Administración nace de la LEF, pero en caso de no atenderla, la persona interesada tiene la carga de reclamarla ante el ente público que corresponda, bajo el riesgo de que el paso del tiempo haga aparecer la presunción de abandono de su derecho de cobro, efecto conocido como el instituto de la prescripción. A pesar de este deber de pago de intereses que surge de la Ley, si el administrado no interesa frente a la Administración deudora que le pague, antes del plazo de prescripción legalmente establecido, su derecho al cobro habrá fenecido, en la hipótesis de reclamarse transcurrido este plazo. Con independencia del ejercicio de esta acción por el interesado, la Administración deudora, por iniciativa propia y en cumplimiento de sus obligaciones, puede en cualquier momento fijar y pagar el importe de los intereses moratorios, al margen de cualquier acto de intimación por parte del acreedor'"».

5.2. Retasación

Retasación (artículo 58 de la LEF)

A tenor de lo dispuesto en el artículo 58 de la Ley de Expropiación Forzosa, si transcurrieran cuatro años sin que el pago de la cantidad determinada como justiprecio se hiciera efectiva o se consignara, habrá de procederse a **evaluar de nuevo** las cosas o derechos objeto de expropiación, de acuerdo con los artículos 24 a 47 de la LEF.

No obstante, una vez efectuado el pago o realizada la consignación, aunque haya trascurrido el **plazo de cuatro años**, no procederá el derecho a la retasación.

Ahora bien, el referido plazo de cuatro años ha de computarse, según la **STS, rec. 4769/2011, de 9 de junio de 2014, ECLI:ES:TS:2014:2435**, «"(...) desde que el justiprecio quedó definitivamente fijado en vía administrativa sin que el mismo, que es propiamente un plazo de caducidad, se interrumpa por la interposición de recursos jurisdiccionales", y tal fijación definitiva del justiprecio en vía administrativa se produce cuando el acuerdo del Jurado deviene firme, por no haberse recurrido en vía administrativa, o porque una vez recurrido se resuelve el recurso de reposición (...), o transcurre dicho plazo legal sin resolución expresa».

A mayor abundamiento, el **Tribunal Supremo en su sentencia, rec. 5504/1995, de 30 de octubre de 1999, ECLI:ES:TS:1999:6848**, ha especificado que «el plazo legal no se suspende por un proceso abierto sobre la expropiación y su justiprecio, y también que no queda enervada por el hecho de que en este proceso el Tribunal haya concluido por confirmar el justiprecio fijado por el Jurado, o incluso si ha declarado otro superior, de modo que la caducidad de este justiprecio no podrá excluirse por un supuesto argumento de cosa juzgada».

CUESTIONES

1. ¿Qué dispone el REF sobre la retasación?

El artículo 74 del REF establece que «en relación con lo dispuesto en el artículo 58 de la Ley se entenderá por justo precio el fijado administrativamente».

Además, la nueva evaluación establecida en el artículo 58 de la LEF se efectuará a instancia del expropiado, por quien se formulará nueva hoja de aprecio en la forma regulada en el artículo 29 de la antedicha norma, sin necesidad de requerimiento de la Administración.

2. ¿Es la retasación un efecto inmediato de la caducidad del justiprecio previamente fijado?

Según el Alto Tribunal, la retasación (**STS, de 15 de junio de 1988, ECLI:ES:TS:1988:4609. En este sentido, véase también la STS, de 7 de octubre de 1986, ECLI:ES:TS:1986:5268**):

«(...) tiene su razón de ser en la caducidad de los justiprecios expropiatorios, que les priva de eficacia por el simple transcurso de los plazos legales sin haberse hecho efectivo al expropiado su importe o consignado el mismo (...) y si bien esta caducidad no puede suponer, aunque se abra un nuevo proceso de justiprecio situándolo en época o momento diferente, que dicho desplazamiento temporal se vea incidido por circunstancias intrínsecas propias o derivadas del plan u obra que justifica y habilitó en su momento la expropiación cuya retasación se verifica, ésta no puede consistir únicamente en una actualización de los precios anteriores, -como impropiamente se efectúa por el Jurado del presente caso-, sino que es una nueva valoración de los bienes, en la que han de tenerse presente, las circunstancias concurrentes en los mismos referidas a la fecha en la que se ha pretendido la retasación acompañando la nueva hoja de aprecio».

A TENER EN CUENTA. Las resoluciones judiciales analizadas a lo largo del presente punto podrían contener referencias realizadas a legislación actualmente derogada.

ANEXO I.
CASOS PRÁCTICOS

Caso práctico | ¿Hacer mejoras en una vivienda da derecho a incluir las mismas en el justiprecio en caso de expropiación?

PLANTEAMIENTO

El Ayuntamiento de «X» mediante un procedimiento expropiatorio específico, expropió un derecho arrendaticio urbano a «C», fijando el justiprecio en dos anualidades de la renta. Ante ello, «C» acude a la vía jurisdiccional con los siguientes argumentos:

- Que no le había sido notificada debidamente la iniciación del anterior procedimiento expropiatorio en relación a la finca donde se encontraba la vivienda de la que ella era arrendataria, lo cual —a su juicio— viciaba las posteriores actuaciones.
- Que el justiprecio fijado por el acuerdo del Jurado no tenía en cuenta las mejoras que ella había introducido en la vivienda arrendada.

¿Las mejoras realizadas han de incluirse en la indemnización por la expropiación?

RESPUESTA

No, y para la argumentación de esta respuesta es altamente ilustrativa la **sentencia del Tribunal Supremo, rec. 5462/2006, de 15 de junio de 2010, ECLI:ES:TS:2010:2918**. En la misma, el Alto Tribunal apunta que en la sentencia impugnada por «C» se rechazaron los dos argumentos por ésta ya que se considera que no existía defecto de notificación por parte del Ayuntamiento debido a que éste inició el procedimiento expropiatorio específico en cuanto «C» tuvo noticia de su existencia. Asimismo, recoge el Supremo que en dicha sentencia se reconoce que «C» no tendría derecho a que dichas mejoras sean tenidas en cuenta para el cálculo del justiprecio puesto que en el contrato de arrendamiento de la vivienda estaba estipulada la prohibición de realizar obras sin permiso escrito de la propietaria, y dicho permiso no lo había obtenido.

Así, el TS estima lo siguiente:

> «Ninguna de las alegaciones de la recurrente puede ser acogida. No es correcto decir que en el presente caso haya habido un defecto de notificación. Es un hecho declarado probado por la Sala de instancia y no cuestionado por la recurrente que el Ayuntamiento de Las Palmas inició un específico procedimiento expropiatorio sobre el derecho arrendaticio en cuanto tuvo conocimiento de la existencia de éste. Ello significa que la recurrente no ha sufrido indefensión alguna: el procedimiento expropiatorio que directamente afectaba a su derecho arrendaticio le fue tempestivamente notificado, por lo que pudo hacer todo lo necesario para la defensa de sus intereses.
>
> Y el hecho de que no le fuera notificada la iniciación del procedimiento expropiatorio anterior, relativo a la finca en que se hallaba la vivienda

> arrendada, no vicia la posterior expropiación del derecho arrendaticio mediante un procedimiento diferente. La razón es que, a tenor del art. 4 LEF, la Administración expropiante sólo está legalmente obligada a notificar de oficio la iniciación del procedimiento expropiatorio de una finca a los arrendatarios de la misma cuando la existencia de éstos resulte del Registro de la Propiedad o, en su caso, de los registros fiscales; lo que no consta que ocurriera en el presente caso. Siempre de conformidad con al art. 4 LEF, los arrendatarios cuya existencia no resulta de los asientos registrales que la Administración expropiante debe consultar sólo adquieren la condición de interesados en el procedimiento expropiatorio de la finca arrendada si así lo solicitan; solicitud que tampoco consta que la recurrente presentara en el procedimiento expropiatorio de la finca en que se hallaba la vivienda arrendada».

Además, en cuanto a dichas mejoras, la sala concluye señalando que:

> «En cuanto a la no consideración de las mejoras introducidas en la vivienda a la hora de calcular el justiprecio del derecho arrendaticio, no asiste la razón a la recurrente. La verdad es que combate más el acuerdo del Jurado, al cual reprocha no reflejar el valor real del derecho expropiado, que la sentencia impugnada. Ésta última es muy clara cuando afirma que el contrato de arrendamiento exigía permiso escrito para hacer obras en la vivienda y que las mejoras quedarían, en todo caso, en beneficio de la propiedad. La recurrente no combate estas afirmaciones, por lo que a ellas se debe estar ahora en sede de casación. Y de estas afirmaciones se sigue necesariamente, como bien razona la sentencia impugnada, que **la recurrente no tenía derecho a recuperar el valor de esas mejoras. Siendo ello así, es obvio que dicho valor no formaba parte del derecho arrendaticio expropiado a la recurrente ni, por consiguiente, había de ser tenido en cuenta para el cálculo del justiprecio**.
>
> No está de más observar que los arts. 36 y 43 LEF, invocados por la recurrente para justificar que el justiprecio habría debido incluir el valor de las mejoras introducidas por ella en la vivienda, no sirven para alcanzar el fin perseguido: el art. 36 regula el momento a que se debe referir la valoración del bien o derecho expropiado, por lo que nada tiene que ver con lo aquí examinado; y el art. 43, que establece un principio de libertad estimativa, no sirve por sí solo como base para casar la sentencia impugnada. En efecto, aun dejando de lado que el art. 43 ha ido progresivamente viendo restringido su ámbito de aplicación por sucesivas reformas legales, lo cierto es que determinar si el justiprecio se ajusta o no al valor real del bien o derecho expropiado —esto es lo que subyace al principio de libertad estimativa— constituye una cuestión esencialmente fáctica y, por consiguiente, inidónea para ser revisada en casación. Ésta es la razón por la que, según jurisprudencia constante, el solo art. 43 no es fundamento suficiente para casar sentencias de instancia. Véanse, por citar únicamente algunos ejemplos recientes, las sentencias de esta Sala de 29 de octubre de 2008 y 23 de febrero de 2009».

Caso práctico | Indemnización por traslado forzoso de una empresa que desarrolla su actividad sin licencia

PLANTEAMIENTO

«X» solicita que se le reconozca una indemnización por el cese de la actividad de su restaurante, que se desarrollaba en una terraza sita en los terrenos objeto de expropiación. El ayuntamiento expropiante y el jurado de expropiación deniegan esa pretensión con el fundamento de que la explotación de dicha actividad estaba legitimada en una licencia provisional municipal que estaba condicionada a la ejecución del vial que había justificado la expropiación. «X» recurre esta denegación.

¿Le corresponde dicha indemnización?

RESPUESTA

Sí. La jurisprudencia ha reconocido la procedencia de una indemnización para el supuesto de cese de la situación disfrutada en precario, solamente cuando dicho cese trae causa de razones externas al acto jurídico en el que se funda el precario y no de las propias limitaciones impuestas por la Administración que ha reconocido el precario.

Así, el **Tribunal Supremo en la sentencia, rec. 1855/2012, de 21 de diciembre, ECLI:ES:TS:2012:8500**, lo aclara del siguiente modo:

> «A juicio de la parte recurrente, la contradicción de la sentencia de instancia con la citada de contraste se centra en el razonamiento ya expuesto de que la licencia provisional que legitimaba la actividad de autos excluía indemnización alguna en cuanto que la extinción de la actividad estaba motivada en las mismas previsiones ya contempladas en el momento de concesión de la licencia. Dicho criterio se dice contrario a lo establecido por la Sala en la sentencia de 1999, en cuyo fundamento séptimo se hace referencia a la circunstancia de que pudiera ser objeto de indemnización el cese de una actividad legitimada por licencia condicionada a la ejecución de una determinada obra pública —"las necesidades del servicio de la carretera o sus modificaciones futuras"— siempre que dicho cese de la actividad se produzca por la "concurrencia de razones externas al acto jurídico en que se funda el precario", que en el caso concreto allí enjuiciado se decía que no concurría en la causa expropiandi —"construcción de un desdoblamiento de la carretera existente y de una nueva carretera que ha dado lugar a la expropiación de los terrenos necesarios para las obras, y sin la cual la utilización de las instalaciones, aun en precario, hubiera podido continuar"—, por lo que se había concluido en la procedencia de la indemnización en tales supuestos, razonando la mencionada sentencia de contrate:

"'... conforme establece el artículo 1.º de la vigente Ley de Expropiación forzosa, en ella se entenderá comprendida cualquier forma de privación singular de la propiedad privada o de derechos o intereses patrimoniales legítimos, cualesquiera que fueran las personas o entidades a que pertenezcan, acordada imperativamente, ya implique venta, permuta, censo, arrendamiento, ocupación temporal o mera cesación de su ejercicio; que el también artículo 1.º del Reglamento de la Ley sanciona que toda la intervención administrativa que implique privación singular de la propiedad, derechos o intereses patrimoniales legítimos a que se refiere el artículo 1.º de la Ley es una expropiación forzosa a todos los efectos; y que la enumeración singular que hace el artículo 1.º de la Ley no tiene carácter enunciativo y no excluye la posibilidad de otros distintos a los fines de la calificación del párrafo anterior. Tan amplio campo objetivo de aplicación de la Ley exige que no se quede sin indemnizar ningún derecho o interés expropiado, incluyéndose en ella y sus beneficios como dice el propio preámbulo 'todas las formas de acción administrativas que impliquen una lesión individualizada de los contenidos económicos del derecho del particular por razones de interés general, y como tal se estructura sin perjuicio del obligado respeto a las peculiares características de cada figura en particular'. La amplia fórmula expresada en los preceptos legales transcritos, autoriza a que en determinados casos pueda ser la situación de precario objeto de indemnización. Así, cuando la acepción de precario que se discute no es la posesoria o de puro hecho en que se tiene o detenta incluso sin derecho para ello, y sin la tolerancia del dueño, sino que se contempla una situación contractual por la que una persona cede el uso gratuito de la cosa, revocable a juicio del cedente.

En el supuesto enjuiciado esta doctrina resulta plenamente aplicable, aun cuando el precario no tenga su origen en un acto contractual de carácter bilateral, sino en un acto unilateral de autorización administrativa, puesto que la situación jurídica producida es ajena a las características de la mera posesión de puro hecho y confiere un derecho sometido a la condición resolutoria que afecta de ejercicio de la actividad autorizada y legitima la revocación de la licencia, pero susceptible de determinar una pérdida económica indemnizable cuando se produzca su privación forzosa independientemente de dichas causas"».

Caso práctico | Cómputo de los intereses de demora por retraso en la fijación de justiprecio

PLANTEAMIENTO

En un procedimiento expropiatorio, «A», expropiado, solicita intereses de demora por retraso en la fijación del justiprecio.

El acuerdo de necesidad de ocupación se le notificó el día 8 de julio de 2008. Y solicita los intereses de demora desde el día 9 de enero del año siguiente hasta el día en que quedó definitivamente fijado el precio en vía jurisdiccional, ya que el justiprecio fijado por el jurado de expropiación fue impugnado en vía contencioso-administrativa.

¿Puede solicitar el expropiado los intereses de demora por retraso en la fijación del justiprecio?

RESPUESTA

A este afectado por la expropiación se le notificó el acuerdo de necesidad de ocupación el día 8 de Julio de 2008 y solicita los intereses de demora desde el día 9 de enero de 2009 hasta el día en que quedó definitivamente fijado el justo precio en vía jurisdiccional.

Los intereses a los que hace referencia el art. 56 de la Ley de 16 de diciembre de 1954, de Expropiación Forzosa **se devengarán desde el día siguiente en que se cumplan 6 meses desde el inicio del expediente expropiatorio** (es decir, desde la fecha en que sea firme el acuerdo de necesidad de ocupación), **hasta el día en que quede el justo precio definitivamente fijado**, pero no en vía jurisdiccional, sino **en vía administrativa.**

El inicio del plazo para el cómputo de intereses, no se produjo el día 8 de julio, que fue la fecha en que se notificó el acuerdo de necesidad de ocupación, sino que se inicia con posterioridad, cuando ese acuerdo se convierta en firme, debiendo esperarse un mes para la interposición del recurso de alzada contra el mismo.

Respecto al día final del cómputo no era cuando el justo precio quedó fijado definitivamente en vía jurisdiccional, sino que debió ser en fecha anterior cuando quedó definitivamente fijado en vía administrativa, probablemente, mediante resolución del Jurado de Expropiación.

Si bien, en este caso debemos de tener en cuenta lo dispuesto por el **Tribunal Supremo en su sentencia, rec. 11092/1990, de 22 de octubre de 1998,** ECLI:ES:TS:1998:6112:

> «(...) no se consideran comprendidos en el contenido material del justiprecio los intereses expropiatorios, al ser conceptos diferentes, de naturaleza distinta y que responden a causas diversas, pues, mientras el justiprecio es un valor de sustitución conmutativo del derecho expropiado, los intereses, como dijimos en nuestras Sentencias de 29 de enero y 25 de fe-

brero de l990, son un crédito accesorio del justiprecio y una obligación por demora en el pago de éste, de manera que el pago del justiprecio, fijado en vía administrativa o su válida consignación, sin el abono o consignación de los intereses dentro del plazo de dos años que señala el artículo 58 de la Ley de Expropiación Forzosa, enerva los efectos de la retasación de los bienes y derechos expropiados.

Y esto **lo mismo en el caso de la expropiación urgente que en el de la expropiación ordinaria**, pues los intereses lo son siempre de demora, con independencia de que el dies a quo para el devengo de los intereses (artículos 52.8° y 56.) varíe en uno y otro caso».

A TENER EN CUENTA. La expropiación forzosa.

ANEXO II.
FORMULARIOS

Escrito solicitando retasación en la expropiación forzosa

AL [ÓRGANO]

D./D.ª [NOMBRE], mayor de edad, con domicilio a efectos de notificaciones en [LOCALIDAD], [CALLE], [NÚMERO], [CÓDIGO_POSTAL], con teléfono [NÚMERO] y DNI [NÚMERO],

EXPONGO

Habiendo quedado definitivamente fijado el justiprecio del expediente expropiatorio [NÚMERO] en [FECHA] y transcurridos cuatro años desde la fecha anteriormente citada sin que se hubiese abonado ni consignado el mismo (1),

SOLICITO:

Se proceda a **EVALUAR DE NUEVO** [ESPECIFICAR] (1), realizando una nueva tasación para adecuar el justiprecio al incremento del valor producido por el transcurso del tiempo, conforme al derecho que me otorga lo dispuesto en el artículo 58 de la Ley de 16 de diciembre de 1954, de Expropiación Forzosa y, además, se proceda al pago del mismo incrementado con los intereses legales correspondientes, de conformidad a lo establecido el artículo 57 de la antedicha ley (2).

En [LOCALIDAD] a [DÍA], de [MES], [AÑO].

FIRMA [NOMBRE INTERESADO]

---

(1) Artículo 58 de la LEF:

«Si transcurrieran cuatro años sin que el pago de la cantidad fijada como justo precio se haga efectivo o se consigne, habrá de procederse a evaluar de nuevo las cosas o derechos objeto de expropiación, con arreglo a los preceptos contenidos en el Capítulo III del presente Título. Una vez efectuado el pago o realizada la consignación, aunque haya trascurrido el plazo de cuatro años, no procederá el derecho a la retasación».

(2) Artículo 57 de la LEF:

«La cantidad que se fije definitivamente como justo precio devengará el interés legal correspondiente a favor del expropiado, hasta que se proceda a su pago y desde el momento en que hayan transcurrido los seis meses a que se refiere el artículo cuarenta y ocho».

Escrito de alegaciones a la hoja de aprecio de la Administración en una expropiación forzosa

AL [ÓRGANO]

D./D.ª [NOMBRE], con domicilio en [DOMICILIO] y con DNI núm. [NÚMERO], mayor de edad, y vecino/a de la localidad de [LOCALIDAD], comparece ante dicha Administración y,

EXPONE

PRIMERO.- Con fecha de [FECHA] se me ha dado traslado del escrito de rechazo de esa Administración expropiante a la hoja de aprecio por mí presentada en [FECHA], en el procedimiento expropiatorio [NÚMERO], manifestando la misma su disconformidad con la valoración de [ESPECIFICAR], cuya cantidad establecía en [NÚMERO] de euros. Seguidamente se me presenta una hoja de aprecio con fecha de [FECHA] por parte de esa Administración, estableciendo la valoración del bien a expropiar en [NÚMERO] de euros.

SEGUNDO.- La finca [NOMBRE] a expropiar consta de una superficie de [NÚMERO] de metros cuadrados, cuyo valor catastral es de [CANTIDAD] y cuyos linderos son los siguientes:

- Norte: [DESCRIPCIÓN].
- Sur: [DESCRIPCIÓN].
- Este: [DESCRIPCIÓN].
- Oeste: [DESCRIPCIÓN].

TERCERO.- Mediante el presente escrito y dentro del término conferido, vengo a manifestar mi disconformidad con la valoración que de la finca se ha efectuado por esa Administración por las siguientes razones:

[ESPECIFICAR]

Acredito lo que afirmo mediante los siguientes documentos, cuyas copias adjunto en anexos:

- [DESCRIPCIÓN].
- [DESCRIPCIÓN].

En virtud de lo expuesto,

SOLICITO:

Que teniendo por presentado este escrito, se sirva admitirlo y tenga por impugnada la hoja de aprecio relativa a la finca anteriormente indicada a los efectos oportunos.

En [LOCALIDAD] a [DÍA] de [MES] de [AÑO].

FIRMA [NOMBRE INTERESADO]

Recurso contencioso-administrativo contra acuerdo del jurado de expropiación sobre justiprecio

A LA SALA DE LO CONTENCIOSO-ADMINISTRATIVO DEL TRIBUNAL SUPERIOR DE JUSTICIA DE [COMUNIDAD_AUTONOMA] (1)

D./D.ª [NOMBRE_PROCURADOR_CLIENTE], procurador/a de los tribunales de [LUGAR], actuando en nombre y representación de D./D.ª [NOMBRE_CLIENTE], según copia de escritura de poder notarial que acompaño al presente, y bajo la dirección técnica de D./D.ª [NOMBRE_ABOGADO_CLIENTE], ante la sala comparezco y como mejor proceda en derecho, (2)

DIGO

Que, mediante el presente escrito, y dentro del plazo legalmente previsto, interpongo al amparo del artículo 45 de la Ley 29/1998, de 13 de julio, reguladora de la Jurisdicción Contencioso-administrativa, **RECURSO CONTENCIOSO-ADMINISTRATIVO** contra el acuerdo del jurado de expropiación forzosa n.º [NÚMERO], de fecha [FECHA], por el que se determina el justiprecio de [ESPECIFICAR], expropiado para la ejecución del proyecto [ESPECIFICAR] y que me fue notificado el día [FECHA].

De conformidad con lo que dispone el mismo artículo, se adjuntan al presente escrito:

- El documento que acredita la representación que ostento.
- Documento acreditativo de la titularidad [ESPECIFICAR] (3).
- La copia del acuerdo del jurado de expropiación forzosa n.º [NÚMERO], de fecha [FECHA], que aquí se recurre.

En su virtud,

SUPLICO A LA SALA:

Que tenga por presentado este escrito con los documentos que lo acompañan y por interpuesto **RECURSO CONTENCIOSO-ADMINISTRATIVO** contra el acuerdo antes mencionado, y tras la reclamación del expediente expropiatorio, se me ponga el mismo de manifiesto al objeto de formalizar la oportuna demanda.

Letrado/a D./D.ª [NOMBRE]
[NÚMERO_COLEGIADO_ABOGADO_CLIENTE]

Procurador/a D./D.ª [NOMBRE]
[NÚMERO_COLEGIADO_PROCURADOR_CLIENTE]

OTROSÍ DIGO: interesa a esta parte y así se solicita, se disponga la devolución de la escritura de poder previo testimonio en autos, por ser general y precisarla para otros usos.

En [LOCALIDAD] a [DÍA] de [MES] de [AÑO].

Letrado/a D./D.ª [NOMBRE]
[NÚMERO_COLEGIADO ABOGADO_CLIENTE]

Procurador/a D./D.ª [NOMBRE]
[NÚMERO_COLEGIADO_ PROCURADOR_CLIENTE]

---

(1) Véase el **artículo 10.1 de la LJCA** y el **artículo 14.1. regla 3.ª de la LJCA**.
(2) Véase el **artículo 23.2 de la LJCA**.
(3) Véase el **artículo 4 de la LEF**.

Demanda contencioso-administrativa contra acuerdo sobre justiprecio

A LA SALA DE LO CONTENCIOSO ADMINISTRATIVO DEL TRIBUNAL SUPERIOR DE JUSTICIA DE [COMUNIDAD_AUTÓNOMA] (1)

D./D.ª [NOMBRE_PROCURADOR_CLIENTE], procurador/a de los tribunales de [LUGAR], actuando en nombre y representación de D./D.ª [NOMBRE_CLIENTE], representación que consta acreditada en autos de referencia, bajo la dirección técnica de D./D.ª [NOMBRE_ABOGADO_CLIENTE], comparezco y como mejor proceda en derecho,

DIGO (2)

Que habiendo recibido el expediente expropiatorio de referencia en fecha [FECHA], y dentro del plazo de veinte días que establece el **artículo 52.1 de la Ley 29/1998**, de 13 de julio, reguladora de la Jurisdicción Contencioso-administrativa (3), mediante el presente escrito vengo a formalizar **DEMANDA CONTENCIOSO-ADMINISTRATIVA**, en solicitud de anulación del acuerdo del jurado de expropiación forzosa n.º [NÚMERO], de fecha [FECHA], por el que se determina el justiprecio de [ESPECIFICAR], demanda que baso en los siguientes,

HECHOS

PRIMERO.- En [FECHA] se ha publicado en el Boletín Oficial de [ESPECIFICAR], el acuerdo del jurado de expropiación forzosa n.º [NÚMERO], por el que se determina el justiprecio de [ESPECIFICAR], expropiado para la ejecución del proyecto [ESPECIFICAR].

SEGUNDO.- Al entender que el citado acuerdo del jurado de expropiación n.º [NÚMERO], carece de la necesaria motivación exigida por el artículo 35.1 de la Ley de 16 de diciembre de 1954 sobre Expropiación Forzosa, esta parte interpuso, dentro del plazo legal, el oportuno recurso contencioso-administrativo destinado a impugnarlo.

TERCERO.- Habiendo sido admitido el recurso por el letrado/a de Administración de Justicia del órgano jurisdiccional al que me dirijo, se acordó dirigirse a este recurrente a los efectos de que dedujese la demanda que el presente escrito materializo.

FUNDAMENTOS DE DERECHO

I.- COMPETENCIA

Es competente el órgano al que me dirijo en virtud de lo dispuesto en la Ley 29/1998, de 13 de julio, reguladora de la Jurisdicción Contencioso-administrativa.

II.- CUANTÍA

A los efectos de lo dispuesto en el artículo 42 de la Ley 29/1998, de 13 de julio, se entiende que la cuantía del presente recurso contencioso-administrativo es [ESPECIFICAR].

III.- TRAMITACIÓN Y PROCEDIMIENTO

Los trámites procedimentales que habrán de seguirse son los establecidos en los artículos 45 y siguientes de la Ley 29/1998, de 13 de julio.

IV.- LEGITIMACIÓN

a) La legitimación activa la ostenta esta parte en su condición de titular de [ESPECIFICAR] (4) afectado por la expropiación para la ejecución del Proyecto [ESPECIFICAR].

b) La legitimación pasiva la ostenta la Administración demandada como autora del acuerdo que se recurre.

V.- FONDO DEL ASUNTO

a) Esta parte considera que existe infracción de la jurisprudencia del Tribunal Supremo [ESPECIFICAR] (5) en cuanto a la valoración de [ESPECIFICAR], por cuanto que [DESCRIPCIÓN].

b) Al margen de lo anterior, resulta que en la valoración [DESCRIPCIÓN] (6).

Por lo anteriormente expuesto,

SOLICITO:

Que teniendo por presentado este escrito, y los documentos que se acompañan, junto con copia de todo ello, se sirva admitirlo, y se tenga por formulada **DEMANDA** contra el acuerdo del jurado de expropiación forzosa identificado y, tras los trámites legales pertinentes, dicte sentencia por la que, con estimación de la presente, se declare la nulidad del mismo.

En [LOCALIDAD], a [DÍA] de [MES] de [AÑO].

Letrado/a D./D.ª [NOMBRE]	Procurador/a D./D.ª [NOMBRE]
[NÚMERO_COLEGIADO ABOGADO_CLIENTE]	[NÚMERO_COLEGIADO_ PROCURADOR_CLIENTE]

PRIMER OTROSÍ DIGO: intereso el **recibimiento del proceso a prueba**, señalando, a los efectos previstos en el **artículo 60 de la Ley 29/1998, de 13 de julio, reguladora de la Jurisdicción Contencioso-administrativa** (7) los siguientes puntos de hecho sobre los que deberá versar la misma:

- [ESPECIFICAR].
- [ESPECIFICAR].
- [ESPECIFICAR].

En su virtud,

SOLICITO:

Ténganse por realizadas las anteriores manifestaciones a los efectos legales oportunos

En lugar y fecha indicados *ut supra.*

Letrado/a D./D.ª [NOMBRE]	Procurador/a D./D.ª [NOMBRE]
[NÚMERO_COLEGIADO ABOGADO_CLIENTE]	[NÚMERO_COLEGIADO_ PROCURADOR_CLIENTE]

SEGUNDO OTROSÍ DIGO: intereso, asimismo, para su momento procesal oportuno, y con arreglo a lo establecido en el **artículo 62 de la Ley 29/1998, de 13 de julio, reguladora de la Jurisdicción Contencioso-administrativa**, la presentación de conclusiones.

En consecuencia,

SOLICITO:

Se tengan por realizadas las anteriores manifestaciones a los efectos legales oportunos.

Por ser justicia que pido en lugar y fecha indicados *ut supra*.

Letrado/a D./D.ª [NOMBRE]	Procurador/a D./D.ª [NOMBRE]
[NÚMERO_COLEGIADO ABOGADO_CLIENTE]	[NÚMERO_COLEGIADO_ PROCURADOR_CLIENTE]

(1) Véase el artículo 10.1 de la LJCA y el artículo 14.1.3.ª de la LJCA.

(2) Véase el artículo 23.2 de la LJCA.

(3) El RD-ley 6/2023, de 19 de diciembre, modifica el artículo 52.1 de la LJCA, con entrada en vigor el 20/03/2024.

(4) Véase el artículo 4 de la LEC.

(5) Señalar la concreta sentencia en que se apoya para considerar incorrecta la valoración del bien o derecho expropiado.

(6) Describir las razones por las que la valoración se entiende incorrecta o mal realizada, con apoyo, en su caso, en lo dispuesto en el Real Decreto Legislativo 7/2015, de 30 de octubre, por el que se aprueba el texto refundido de la Ley de Suelo y Rehabilitación Urbana.

(7) El RD-ley 6/2023, de 19 de diciembre, modifica el artículo 60 de la LJCA, con entrada en vigor el 20/03/2024.

Recurso de reposición contra acuerdo del jurado de expropiación sobre justiprecio

AL [ÓRGANO]

D./D.ª [NOMBRE], mayor de edad, con NIF [NÚMERO], y con domicilio en [DOMICILIO], actuando en nombre y derecho propio y en condición de interesado/a en el procedimiento de expropiación [NÚMERO], comparezco y como mejor proceda en derecho,

DIGO

En [FECHA] se me ha notificado el acuerdo del jurado de expropiación forzosa n.º [NÚMERO], por el que se determina el justiprecio de [ESPECIFICAR], bien que se ha expropiado para la ejecución del proyecto [ESPECIFICAR].

Al entender que el citado acuerdo del jurado de expropiación n.º [NÚMERO] carece de la motivación exigida por el artículo 35.1 de la Ley de 16 de diciembre de 1954, de Expropiación Forzosa (1), mediante el presente escrito vengo a interponer **RECURSO POTESTATIVO DE REPOSICIÓN** en tiempo y forma contra dicho acuerdo del jurado de expropiación forzosa, de conformidad con lo establecido en los artículos 123 y 124 de la Ley 39/2015, de 1 de octubre, del Procedimiento Administrativo Común de las Administraciones Públicas, en base en las siguientes

CONSIDERACIONES

PRIMERA.- [DESCRIPCIÓN].

SEGUNDA.- [DESCRIPCIÓN].

En virtud de lo expuesto,

SOLICITO:

Que teniendo por presentado este RECURSO DE REPOSICIÓN contra la resolución de fecha [FECHA] de ese jurado de expropiación forzosa [DESCRIPCIÓN], resuelvan estimar el mismo y, en consecuencia, anulen dicha resolución.

En [LOCALIDAD], a [DÍA] de [MES] de [AÑO].

FIRMA [NOMBRE INTERESADO]

---

(1) Artículo 35.1 de la LEF

«1. La resolución del Jurado de expropiación habrá de ser necesariamente motivada, razonándose los criterios de valoración seguidos por el mismo en relación con lo dispuesto en esta Ley».

Recurso contencioso contra resolución de reversión en procedimiento de expropiación forzosa

A LA SALA DE LO CONTENCIOSO-ADMINISTRATIVO DEL TRIBUNAL SUPERIOR DE JUSTICIA DE [COMUNIDAD_AUTONOMA]

D./D.ª [NOMBRE_PROCURADOR_CLIENTE], procurador/a de los tribunales, en nombre y representación de [NOMBRE_CLIENTE], según copia de escritura de poder notarial que acompaño al presente, comparezco ante este tribunal y como mejor proceda en derecho,

DIGO

Que mediante el presente escrito y dentro del plazo legal, interpongo al amparo del **artículo 45 de la Ley 29/1998, de 13 de julio, reguladora de la Jurisdicción Contencioso-administrativa,** en consonancia con el artículo 55 de la Ley de Expropiación Forzosa (1), **RECURSO CONTENCIOSO-ADMINISTRATIVO** contra la resolución del [ÓRGANO], de fecha [FECHA], sobre **solicitud de reversión del bien expropiado** por la que [ESPECIFICAR], que me fue notificada el día [FECHA].

De conformidad con lo que dispone el mismo artículo, se adjuntan al presente escrito:

El documento que acredita la representación que ostento.

La copia del acto que se recurre.

En su virtud,

SUPLICO A LA SALA:

Que tenga por presentado este escrito con los documentos que lo acompañan, me tenga por comparecido y parte en representación de [NOMBRE_CLIENTE] y por interpuesto **RECURSO CONTENCIOSO-ADMINISTRATIVO** contra el acto administrativo antes mencionado, y tras los trámites legales oportunos, se me ponga el mismo de manifiesto al objeto de formalizar la demanda.

En [LOCALIDAD] a [DÍA] de [MES] de [AÑO].

FIRMA [NOMBRE INTERESADO]

---

(1) Artículo 55 de la LEF

«1. Es presupuesto del ejercicio del derecho de reversión la restitución de la indemnización expropiatoria percibida por el expropiado, actualizada conforme a la evolución del índice de precios al consumo en el período comprendido entre la fecha de iniciación del expediente de justiprecio y la de ejercicio del derecho de reversión. La determinación de este importe se efectuará por la Administración en el mismo acuerdo que reconozca el derecho de reversión.

2. Por excepción, si el bien o derecho expropiado hubiera experimentado cambios en su calificación jurídica que condicionaran su valor o hubieran incorporado mejoras aprovechables

por el titular de aquel derecho o sufrido menoscabo de valor, se procederá a una nueva valoración del mismo, referida a la fecha de ejercicio del derecho, fijada con arreglo a las normas contenidas en el capítulo III del Título II de esta Ley.

3. La toma de posesión del bien o derecho revertido no podrá tener lugar sin el previo pago o consignación del importe resultante conforme a los apartados anteriores. Dicho pago o consignación deberá tener lugar en el plazo máximo de tres meses desde su determinación en vía administrativa, bajo pena de caducidad del derecho de reversión y sin perjuicio de la interposición de recurso contencioso-administrativo. En este último caso, las diferencias que pudieran resultar de la sentencia que se dicte deberán, asimismo, satisfacerse o reembolsarse, según proceda, incrementadas con los intereses devengados al tipo de interés legal desde la fecha del primer pago en el plazo de tres meses desde la notificación de la sentencia bajo pena de caducidad del derecho de reversión en el primer supuesto».

Solicitud de abono del justiprecio

AL [ÓRGANO]

Don/Doña [NOMBRE], mayor de edad, con domicilio a efectos de notificaciones en [LOCALIDAD], [CALLE], [NÚMERO], [CÓDIGO POSTAL], con teléfono [NÚMERO] y DNI [NÚMERO],

EXPONGO

El [FECHA] fue fijado definitivamente el justiprecio del que soy acreedor/a a resultas de la expropiación de [ESPECIFICAR], en el expediente expropiatorio con referencia [NÚMERO] en relación con [DESCRIPCIÓN] (1).

Habiendo transcurrido seis meses desde de la fecha indicada sin que se me haya satisfecho por quien proceda tal cantidad,

SOLICITO:

PRIMERO.- En atención a lo dispuesto en **artículo 57 de la Ley de Expropiación Forzosa** (2), se tenga en cuenta, a los efectos del pago del justiprecio señalado, de [NÚMERO] euros, las cantidades a las que se refiere dicho artículo, que se reclaman con el presente escrito.

SEGUNDO.- De conformidad con lo dispuesto en el **artículo** 14.1 de la Ley 39/2015, de 1 de octubre, **del Procedimiento Administrativo Común de las Administraciones Públicas** (3), manifiesto que, dada mi condición de persona física, no estoy obligado a relacionarme a través de medios electrónicos con las Administraciones públicas y que ejerzo mi derecho a elegir que las posteriores notificaciones relativas al procedimiento de referencia no sean practicadas a través de medios electrónicos y me sean dirigidas por escrito a la dirección que encabeza la misma.

En [LOCALIDAD] a [DÍA], de [MES], [AÑO].

FIRMA [NOMBRE INTERESADO]

---

(1) Descripción del motivo de la expropiación.

(2) Artículo 57 de la LEF.

«La cantidad que se fije definitivamente como justo precio devengará el interés legal correspondiente a favor del expropiado, hasta que se proceda a su pago y desde el momento en que hayan transcurrido los seis meses a que se refiere el artículo cuarenta y ocho».

(3) Artículo 14.1 de la LPACAP.

«1. Las personas físicas podrán elegir en todo momento si se comunican con las Administraciones Públicas para el ejercicio de sus derechos y obligaciones a través de medios electrónicos o no, salvo que estén obligadas a relacionarse a través de medios electrónicos con las Administraciones Públicas. El medio elegido por la persona para comunicarse con las Administraciones Públicas podrá ser modificado por aquella en cualquier momento».

Escrito solicitando el abono de indemnización por demora junto con el justiprecio

AL [ÓRGANO COMPETENTE]

Don/Doña [NOMBRE], mayor de edad, con domicilio a efectos de notificaciones en [LOCALIDAD], [CALLE], [NÚMERO], [CÓDIGO POSTAL], con teléfono [NÚMERO] y DNI [NÚMERO],

EXPONGO

PRIMERO.- Con [FECHA] tuvo lugar la iniciación legal del expediente expropiatorio con referencia [NÚMERO] en relación con [DESCRIPCIÓN] (1).

SEGUNDO.- Habiendo transcurrido seis meses desde de la fecha indicada sin haberse determinado por resolución definitiva el justo precio de [ESPECIFICAR] (1).

SOLICITO:

I.- En virtud de lo dispuesto en el artículo 56 de la Ley de 16 de diciembre de 1954, de Expropiación Forzosa, (2) se tenga en cuenta, en el momento del abono del justiprecio correspondiente, la RESPONSABILIDAD O INDEMNIZACIÓN POR DEMORA señalada en el mismo.

II.- Que lo anteriormente solicitado, lo sea sin menoscabo de lo dispuesto en el artículo 57 de la citada norma. (3).

En [LOCALIDAD] a [DÍA], de [MES], [AÑO].

FIRMA [NOMBRE INTERESADO]

---

(1) Descripción del motivo de la expropiación, esto es, el destino de los bienes o derechos expropiados.

(2) Artículo 56 de la LEF.

«Cuando hayan transcurrido seis meses desde la iniciación legal del expediente expropiatorio sin haberse determinado por resolución definitiva el justo precio de las cosas o derechos, la Administración expropiante culpable de la demora estará obligada a abonar al expropiado una indemnización que consistirá en el interés legal del justo precio hasta el momento en que se haya determinado, que se liquidará con efectos retroactivos, una vez que el justiprecio haya sido efectuado».

(3) Artículo 57 de la LEF.

«La cantidad que se fije definitivamente como justo precio devengará el interés legal correspondiente a favor del expropiado, hasta que se proceda a su pago y desde el momento en que hayan transcurrido los seis meses a que se refiere el artículo cuarenta y ocho».

Modelo de hoja de aprecio del reversionista (expropiación forzosa)

AL [ÓRGANO COMPETENTE]

Don/Doña [NOMBRE], mayor de edad, con DNI número [DNI], con domicilio a efectos de notificaciones en [DOMICILIO], ante [ESPECIFICAR] comparezco y, como mejor proceda,

DIGO

PRIMERO.- Con motivo del procedimiento de reversión que se está tramitando con expediente número [NÚMERO], he sido requerido/a con fecha [FECHA], para que, en el plazo de 20 días, presentase hoja de aprecio. El inmueble objeto de expediente es la finca [DESCRIPCIÓN].

SEGUNDO.- En virtud de lo establecido en el artículo 29 de la Ley de Expropiación Forzosa (1), la valoración que sigue está avalada por la firma del perito don/doña [NOMBRE], que tiene título profesional de [CATEGORÍA_PROFESIONAL].

TERCERO.- El valor del bien objeto del expediente mencionado se estima en la cantidad de [CANTIDAD], cambio que ha sido motivado por [ESPECIFICAR]. Este valor es el fruto de la aplicación de los siguientes criterios de valoración [ESPECIFICAR MOTIVOS].

a) Valoración: [CANTIDAD] €.

b) Valor del suelo: [CANTIDAD] €.

c) Valor del vuelo: [CANTIDAD] €.

d) Valor de la finca (suelo más vuelo): [CANTIDAD] €.

Por todo lo cual,

SOLICITO:

Que tenga por presentado el presente escrito, con su copia y documentos que le acompañan, se sirva admitirlo y en su virtud y en méritos de lo en él expuesto, tener por formulada **HOJA DE APRECIO** respecto a la finca de referencia.

En [LOCALIDAD], a [DÍA] de [MES] de [AÑO]

FIRMA [NOMBRE INTERESADO]

---

(1) Artículo 29 de la LEF.

«1. En cada uno de los expedientes así formados la Administración requerirá a los propietarios para que en el plazo de veinte días, a contar desde el siguiente al de la notificación, presenten hoja de aprecio, en la que se concrete el valor en que estimen el objeto que se expropia, pudiendo aducir cuantas alegaciones estimen pertinentes.

2. La valoración habrá de ser forzosamente motivada y podrá estar avalada por la firma de un perito, cuyos honorarios habrán de acomodarse a las tarifas que apruebe la Administración, siendo siempre estos gastos de cuenta de los propietarios».

Modelo de hoja de aprecio presentada a la Administración expropiante por el expropiado

AL [ÓRGANO]

Don/Doña [NOMBRE], con domicilio en [DOMICILIO] de [LOCALIDAD], mayor de edad, con DNI n.º [DNI], comparece y como mejor proceda en derecho,

DIGO

Que en cumplimiento de lo dispuesto en el artículo 29 y concordantes de la Ley de Expropiación Forzosa, de 16 de diciembre de 1954, (1) y una vez firme el acuerdo por el que se declara la necesidad de ocupación del bien [DESCRIPCIÓN], paso a realizar:

HOJA DE APRECIO

Con valoración motivada de los bienes [DESCRIPCIÓN] de mi propiedad afectados por el expediente de expropiación [DESCRIPCIÓN], acompañando a tal efecto informe efectuado por [DESCRIPCIÓN].

De acuerdo con lo expuesto formulo las siguientes,

CONSIDERACIONES

PRIMERA.- Se señala como valor de los bienes objeto de expropiación, según el detalle del informe que se adjunta, la siguiente: [CANTIDAD].

SEGUNDA.- Valoración que baso en lo que sigue:

a) [ESPECIFICAR].

b) [ESPECIFICAR].

Por lo expuesto,

SOLICITO:

Que tenga por presentado el presente escrito, con su copia y documentos que le acompañan, se sirva admitirlo y en su virtud y en méritos de lo en él expuesto, tener por formulada la **HOJA DE APRECIO** para, en definitiva, dictar en su día resolución por la que se estime como valor del bien expropiado el de [CANTIDAD EN LETRA] euros, [CANTIDAD EN NÚMERO] €.

En [LOCALIDAD], a [DÍA] de [MES] de [AÑO].

[FIRMA]

---

(1) Artículo 29 de la LEF.

«1. En cada uno de los expedientes así formados la Administración requerirá a los propietarios para que en el plazo de veinte días, a contar desde el siguiente al de la notificación, presenten hoja de aprecio, en la que se concrete el valor en que estimen el objeto que se expropia, pudiendo aducir cuantas alegaciones estimen pertinentes.

2. La valoración habrá de ser forzosamente motivada y podrá estar avalada por la firma de un perito, cuyos honorarios habrán de acomodarse a las tarifas que apruebe la Administración, siendo siempre estos gastos de cuenta de los propietarios».

Cód. 05

Made in United States
North Haven, CT
08 November 2026

21928344R00083